LOCUS

LOCUS

Smile, please

smile 101 垃圾車法則

The Law of the Garbage Truck:

how to respond to people who dump on you, and how to stop dumping on others

作者：David J. Pollay
譯者：羅耀宗
責任編輯：楊郁慧 美術設計：蔡怡欣
校對：呂佳眞
法律顧問：全理法律事務所董安丹律師
出版者：大塊文化出版股份有限公司
台北市105南京東路四段25號11樓
www.locuspublishing.com

讀者服務專線：0800-006689
TEL：(02) 87123898 FAX：(02) 87123897
郵撥帳號：18955675 戶名：大塊文化出版股份有限公司

總經銷：大和書報圖書股份有限公司
地址：新北市新莊區五工五路2號
TEL：(02) 89902588 FAX：(02)22901658

初版一刷：2011年2月
初版九刷：2016年8月
定價：新台幣280元
Printed in Taiwan

LOCUS

LOCUS

The Law of the
Garbage Truck

垃圾車法則

David J. Pollay／著
羅耀宗／譯

獻給Dawn、Eliana、Ariela

獻給Jerriann和 Louis

獻給Mike

目錄

第六個承諾：加入感恩循環，遠離垃圾循環

第七個承諾：在日常生活厲行「向垃圾車說不！」

第八個承諾：打造「向垃圾車說不！」的工作環境

附錄

謝辭

前言

我寫這本書，有個很重要的目的。

我希望，在努力追求個人目標和工作成就的過程中，沒有瑣碎的事物讓我們分心。我希望，生活中無法掌控的負向事物遠離我們。我希望，我們每個人能夠充分發揮所長，並且更上一層樓。

我希望，我們一起讓這個世界變得更美好。

常有人問我：「《垃圾車法則》訴求的對象是誰？」

我這麼回答：「每一個人。」

有人笑著說：「你不覺得應該鎖定某個族群嗎？」

「已經鎖定了啊，」我回道。「就是全世界。」

我寫這本書，是希望觸動每一個人。我希望，世界各地每個國家、每座城市和每個村落的人都能看到它。我希望，《垃圾車法則》有助於改變家庭與職場的人際關係，期待所有人共同創造和維持一個更有生產力、更寬容、更祥和的世界。

這本書是寫給想要掌控自己生活的人，也就是你和所有你關心的人。

＊＊＊

我們沒有義務或責任去接收別人的挫折、焦慮和失望。我們來這世上走一遭，並非爲了承受其他人的負向情緒，當然也不是爲了給別人添麻煩。

在我們的人生旅途上，必須清除不必要的路障，別讓他人的負向態度和行爲影響我們的腳步。再說，我們也不該先被自己的悲觀消極念頭打敗。

我們每個人都有責任去發掘自身的人生目的，並努力實現，也都有權利去夢想和追求對大部分人來說重要的事物。

當我們全心擁抱並專注於個人生活與工作上眞正重要的事物，便能獲得快樂和成功。而「垃圾車法則」便是爲了使我們作好準備，追求最好的人生。

＊＊＊

每個人都想實現自己的目標，可是面對的挑戰是，前頭的路未必平坦好走，半路上還可能遇到不愉快的人與事。

想想你的童年。對許多人來說，那是一段無憂無慮的時光。我們歡笑。我們有朋友。我們覺得受人喜愛、生活愉悅。

可惜，這些快活的日子很快就被打斷了。

有些孩子在背後講你閒話，有人取笑你、批評你。記不記得有人告訴你，說有個朋友對你很不滿，或者誰誰誰不再那麼喜歡你了？當你追問原因時，他們又講不出個所以然來。看起來好像你無能爲力，怎麼做都沒辦法讓情況好轉。力量掌握在別人手中。你覺得萬般無奈。一切只能任由他人操縱。

隨著年紀漸長，我們本來指望讓我們感到脆弱和生氣的人會越來越少。可到頭來卻不是那麼回事。事實上，我們身邊反而有更大一群人對我們造成負向影響。

每一天，我們和他人互動的過程都可能讓我們的心情走樣。一些教人不開心的行為，會使萬里晴空的一天變得烏雲密布。

沒錯，許多時候，我們仍然感覺良好，熱情有勁。但當我們一遇到某些人，好好的心情卻慘遭破壞，我們難免倍感挫折。他們的負向行為，困擾著我們，牽動著我們的注意力，在我們心裡留下惡劣的念頭和感受，久久揮之不去。為什麼我們的快樂和成功，那麼容易受到別人不可預期的情緒和行為所左右？

日常生活中，我們有機會影響別人，也有機會被別人影響。如果有人展現出正向的言行，我們會見賢思齊，去觀察、學習、模仿那個人。但是，當有人表現出負向的行為，我們便面臨抉擇。我們要怎麼做？接受它嗎？還是選擇不同的反應方式？幸好我們還能有所選擇。別人的負面態度和行為，我們無需逆來順受。我們來這個世界，另有其他更重要的目標。

＊＊＊

我們常因別人的行爲而感到無奈，也受夠了不講情面、攻擊性強、不體貼，甚或令人反感的舉動。不管是在職場、在家裡、在公共場所，每個人都可能因爲別人無禮的言行而感到不快。

他人無禮的言行，顯然使我們感到困擾和不悅——可以這麼說，無禮的言行對每個人來說都是額外的負擔。這便是爲什麼我們應該努力改善每一天的人際互動——不管是在公共場合或自家。我們可以讓這個世界變得對所有人都更加美好。

＊＊＊

我寫這本書，是爲了讓所有人更快樂、更和諧，全心追求自己的目標。

我用的方法，是從每一個人做起。我們必須先改變自己，之後再談其他人應該怎麼做。我們不該迷失在口水戰之中，爭論誰是誰非。這一點可以稍後再來談。首先，我們必須起而行，做出今天就做得到的改變。

我在這本書談的是很根本的東西。我期待，所有人都能實踐這套人人都能接受的人生哲學和策略——不分宗教、種族、國籍、文化、經濟地位，或者教育背景。我希望所有人都能遵循「垃圾車法則」，實踐「向垃圾車說不！」的八個承諾。

＊＊＊

閱讀和使用本書時，最好是把它當作一本個人指南，手上還得拿支筆。我已經寫了我該寫的部分。現在，麻煩你寫下自己的部分。

在每一章結束後，我會提出一些簡短的問題。就像我在演說和研討會上所做的那樣，我要你寫下「第一個冒出來」的答案。一有什麼想法浮上腦海，就趕緊把它們寫下來，而不要去評斷它們是好是壞。回答每個問題，只需要幾分鐘的時間。

雖然我建議每一章都要多讀幾次，並且更深入思考每個問題，但一開始先要迅速推進，累積衝勁，更容易得到初步成果。所以我希望你讀完每一章後，馬上看問題、寫答案。接著繼續讀下一章。設法培養出一種節奏感，讓你的正向能量引導你。

＊＊＊

這本書不是百科全書。我無法針對你可能遭遇的每一種困難狀況，提出量身打造的答案。我想做的是，給你一些大方向，讓你終生受用。《垃圾車法則》不會是你需要的唯一一本好書，但不妨把它當成心靈羅盤，效果好得出奇，而且放諸四海皆準。

＊＊＊

一路看下去，你心裡難免有疑惑。你會想問，「垃圾車法則」難道不會踢到鐵板嗎？把你的疑問統統寫下來，但請繼續翻閱。一直往下讀就是了。

你會發現，這本書的鋪陳就像蓋房子一樣。前面幾章先打下初步了解的地基。接著每一章就像拿一塊磚頭加進主體結構，回答你的一道問題，揭露一個新的觀點，並且提出另一種方式，教你如何把「垃圾車法則」運用到日常生活中。

垃圾車法則的八個承諾

本書將帶領你踏上發現之旅。翻閱本書，你會學到如何在生活和工作上，過得更快樂、更順暢。事實上，你的家人、同事和整個社會，都會因爲你全心全意決定遵循垃圾車法則的八個承諾而受益：

一、**讓身旁的垃圾車開走**（不要收別人的垃圾）：無法控制的負向事物，就讓它去吧。你應該把關注焦點放在眞正重要的事情上面。

二、**讓你自己的垃圾車開走**（別往自己身上倒垃圾）：不要讓不愉快的回憶騷擾你，也不要被悲觀消極的心態綁住手腳。

三、**避免成為別人的垃圾車**（別往他人身上倒垃圾）：對於把垃圾往你身上倒的人，你不一定要報復或批評，反而可以多一點寬容。另一方面，你應該學習不要誘使他們忍不住想倒垃圾給你。

四、**幫助身旁的垃圾車**（幫助別人停止倒垃圾）：仔細觀察並讚美別人好的一面，用有效的溝通方式幫助別人改善行爲。

五、「向垃圾車說不！」不是口號，而是行動：你不必收下垃圾，也不需要到處丟垃圾。你並不是垃圾車。

六、加入「感恩循環」、遠離「垃圾循環」：把你的精力投入美好而有意義的事物。只要選擇感恩、放棄垃圾，每個人都能讓這個世界更加溫馨。

七、在日常生活厲行「向垃圾車說不」：說服家人和朋友和你一起選擇感恩循環，不受垃圾車擺布。

八、打造「向垃圾車說不」的工作環境：盡你最大的努力，並且期待別人同樣盡他們所能，打造一個理想的環境，讓人們樂在工作、發揮所長，並且覺得自己所做的事情深具意義。

＊　＊　＊

在繼續往下走之前，先謝謝你來到這裡。讓我們一同探索「垃圾車法則」。

你能不能自在快樂、有所成就，

全看你是否能運用「垃圾車法則」。

第一個承諾

讓身旁的垃圾車開走

不要收別人的垃圾

1 垃圾車法則

不輕易發怒的，勝過勇士；治服己心的，強如取城。
——《聖經・箴言》第十六章三十二節

你有多常讓別人的言行打壞你的心情？你是不是曾經被不守交通規則的駕駛人、無禮的侍者、敷衍了事的主管，或者少一根筋的部屬，毀掉原來美好的一天？除非你是不帶感情的機器人，否則很難完全不被身旁的人影響。但我要告訴你：你能不能自在快樂、有所成就，全看你在受到干擾之後，能夠多快重新聚焦在眞正重要的事情上面。

二十年前，我在紐約市搭計程車時學到這一課。來說說當時發生了什麼事。

我跳上計程車，趕往中央車站。車子正開在右線道，突然一輛黑色轎車從前面的停車格竄出來。計程車司機猛踩煞車，車子橫向打滑，輪胎發出尖銳的嘎吱聲。好不容易車子才停下來，只差一吋就要撞上黑色轎車的車屁股。

眞是太嚇人了，但更嚇人的還在後頭。黑色轎車的駕駛人明明有錯在先，這會兒卻轉過頭大吼大叫，罵我們一些髒字眼。他甚至對我們比出中指。

眼看一場衝突一觸即發，但令我納悶的是，計程車司機竟然笑著對那傢伙揮了揮手。我的意思是說，他的態度頗爲友善。我忍不住問道：「你是怎麼了？那個人差點闖出大禍！」計程車司機卻不疾不徐地回答道：

許多人就像垃圾車，全身滿載著挫折、憤怒、失望等負面情緒。垃圾越堆越多，他們得找地方倒。如果你容許，他們就會把垃圾倒到你身上。所以說，當有人想把垃圾往你身上倒，千萬不要收下。只要微笑、揮手、祝福他們，然後繼續走你的路。相信我，這麼做你會更快樂。

計程車司機寬容的態度令我汗顏。我開始思考：「我是不是常讓垃圾車開到我面前倒垃圾？我是不是常收下垃圾，然後轉手丟給辦公室、家裡，或者街上的其他人？」想了一下，我對自己說：「我不要收垃圾，也不再丟垃圾。」也就是這番話，成爲我日後發展「垃圾車法則」（The Law of the Garbage Truck^{TM}）的基礎。

不讓垃圾車左右自己

在電影《靈異第六感》中，小男孩說：「我看得見那些已經死掉的人。」現在，我看到的是垃圾車。我看到它們載滿垃圾，看到它們開過來倒垃圾。而我就像那名計程車司機，不再接收垃圾。我只是微笑、揮手、祝福它們，然後繼續上路。

在生活中遇到垃圾車，如果你能讓它們開走，情緒便不容易受影響，成功之路也不會受到阻礙。其中的關鍵是不要理會垃圾車——不去分析、思索、討論，或者一再回想——只要讓它們開走就行了。

培頓（Walter Payton）是我最欣賞的足球好手之一。每次在足球場上遭人擒殺，他一定很快從地上跳起來。他的心思絕對不會滯留在觸地的那一刻。他隨時做好準備，下次進擊一定使出最好的身手。全世界的運動好手都和培頓一樣，不容許自己停頓下來。而許多成功的領導者也是如此——不管他們可能面對多少垃圾車。

總之，成功人物根本不讓垃圾車左右他們的生活。

任教於佛羅里達州立大學的心理學家包美斯特（Roy Baumeister）做過一項廣泛的研究，發現大部分人比較常記得生活中的壞事，卻常常忘了好事。而且不僅容易記住壞事，還動不動就回想一下。

所以當垃圾車朝你開過來時，你得先做好準備。你必須讓壞事錯身而過，才能騰出空間容納好事。

當你決心遵循垃圾車法則，就等於開始掌控自己的生活。

向垃圾車說不

如果你從今天開始，讓身旁的垃圾車開走，你的生活會有什麼改變？
把你的想法寫下來。

2 光是「放下」還不夠

一個好人一生中最好的部分，是那些少有人知的善行。
——英國浪漫主義詩人華茲華斯（William Wordsworth, 1770–1850）

常常有人勸告我們，當我們面臨逆境、危機或者日常生活的不便與挫折，應該學習「放下」。但這並不適用在垃圾車上。面對垃圾車時，我們必須讓它「開走」。兩者之間有很大的不同。

「放下」意味著，你必須先承接、吸收和處理一段經驗。就算你最後能夠非常有效地放下，還是會沾染上垃圾車留下的負向影響和記憶。

一段時間之後，如果你不再花心思去想，負向記憶的影響力會漸漸減退。但是，你在應付那些垃圾車時投入的心力即使只有一絲一毫，都算太多，因為那些心力本來可以用在更重要的事情上。如果這些負向經驗累積得越多——並且日後還得一一放下——你會因為承受無謂的憤怒、挫折和失望所造成的心理負擔，而受害越大。

小挫折、大殺傷力

你如何面對及回應日常生活的挑戰，對你的快樂和健康而言，可能比你所想的還要重要。心理學家福克曼（Susan Folkman）和拉札勒斯（Richard Lazarus）發現，日常生活的挑戰對我們產生的負向影響，甚於生命中最嚴重的事件。拉札勒斯和福克曼在經典之作《壓力、評估與因應》中指出：

> 日常生活充滿和我們所扮演的角色有關的體驗，它們或許沒那麼戲劇化，可帶來的壓力卻不容小覷。這些「日常的紛擾」，包括那些教我們生氣和憂心的瑣事……雖然戲劇性遠低於離婚或者喪親等重大事故，但是對健康卻可能有更大影響。

和垃圾車交手的代價

想想你在家裡用電的經驗。把電器的插頭插上插座、按下電燈的開關、啓動電腦，你就開始使用能源。

而若是插進別人的負向能源，也會產生相同的結果。你會吸收它、使用它，然後一而再、再而三地爲這樣的行爲付出代價。

不斷和垃圾車交手，會令你分心而付出代價。

你會付出情緒感受上的代價：這一刻你覺得正向、開朗而樂觀，下一刻，你卻感到挫折、不安和失敗。

你會付出健康上的代價，因爲生氣、沮喪對你的身體有影響。

每當你允許垃圾車開到面前、傾倒垃圾，你便吸收了負向能量，讓自己變成另一台垃圾車。

垃圾車轉移你的注意力，使你忽略眞正重要的事物。這就是爲什麼你必須讓垃圾車「開走」，不要去接收垃圾車的負向態度和行爲，免得到頭來還得「放下」。

史丹福大學生物學及神經學學者薩波斯基（Robert Sapolsky）在《爲什麼斑馬不會得胃潰瘍？》一書中寫道：「太常啓動壓力反應會過度耗費精力，特別容易喊累。」對垃圾車抱持敵意使你心力交瘁，對健康產生負面影響。薩波斯基接著提到：「懷著敵意的人……血壓比較高，連帶損及心血管系統。」

＊＊＊

想想那位計程車司機是怎麼做的。當黑色轎車突然擋到我們前面時，他並沒有怒氣沖沖或試圖報復。沒錯，他並不認可對方的開車方式，卻不讓自己像許多人那樣氣急敗壞。他絲毫不打算接收對方丟來的垃圾。他只是讓垃圾車開走。這是使我們快樂和成功的重要關鍵：別太在意你不能控制的東西。只看別人好的一面，讓壞東西遠離消失。我曾經看過母親這麼做。

＊＊＊

四年前，外婆過世，外公第四度中風，失智症跟著加速惡化。

外公有時十分清醒──表現出正常、慈愛、風趣的一面。但有些時候，母親會看到她不曾見過的另一面：外公像變了一個人似的，說出一些冷漠無情、自私、刻薄的話語。母親知道那是因爲他病了，但每當他毫不留情地批評、吼叫和質疑母親對他的愛時，還是會深深刺痛她。

父母曾經三次把外公從緬因州接到我們位於威斯康辛州的家，以便就近照顧。他有自己單獨的臥室和浴室。母親爲他做飯、洗衣服，悉心照料。

但是每一次才住沒幾天，外公便會反抗道：「你們憑什麼把我留在這裡？我想住自己家！」第三次嘗試之後，父母逐漸明白，雖然外公獨居緬因州很寂寞，但離開自己的家更不快樂。於是他們送他回去。

問題是，外公一個人在緬因州家裡，根本無法料理生活起居。母親和阿姨瑪琳盡她們所能，安排外公需要的額外照護，卻很難使他滿意。他已經不是原來的自己，一不如意便大聲斥責。對每個人來說，這一切都很不好受。

＊＊＊

有個週末，父母來紐約看我。母親對外公的事格外苦惱，而且感覺受到的傷害始終揮之不去——雖然她看了許多心靈勵志書籍，也常和我一起散步聊天，或是向父親吐苦水。但外公對她的傷害，累積的速度比她放下的速度還快。

有一天晚飯過後，我和母親談到很晚。我試著幫助她了解自己爲外公做了多少事，並且把我所能想到的，她爲他做過和正在做的每一件事都寫下來。我希望她隨身攜帶這張清單，肯定她爲外公所做的一切；她必須清楚知道自己是個好女兒。不管外公失智症發作時可能說出什麼傷害的言語，這張清單都足以證明，母親爲了外公已竭盡所能，全心付出。

這麼做以後，母親的心態有了轉變。她知道外公經常無法控制自己的念頭和言語，因此，每當他開始失控咆哮，母親便將那些話當作「耳邊風」，一點也不放在心上。她並不把外公說的每一句話都當眞。每當外公表現出有如「垃圾車」一般的負面言行，母親總以寬容和愛，讓「垃圾車」開走。

心理學家柳博米爾斯基（Sonja Lyubomirsky）在《幸福多了40%》一書中寫道：照顧別人雖然是相當有意義、值得敬佩而重要的工作，卻也會帶給照顧者「身心健康上的傷害」。就我母親的經驗來說，這話一點也不假。但她越是能讓不愉快的互動經驗「過去」，就越能專心做好必要的照顧工作。母親因此能夠照著自己的意思，做最好的母親、妻子、朋友和女兒：她只看外公好的一面，其他則隨風而逝。

向垃圾車說不

想想你最近遇到的人與事。你現在是否讓垃圾車成為自己的負擔？這個星期就做一個承諾：至少讓一輛垃圾車開走。下個星期再做一次同樣的事。

這麼做之後感覺如何？把它寫下來。

3 越想對抗垃圾車，越容易被打敗

智者超然於任何侮辱之外，耐性和自制是對不當行為的最好回應。
——劇作家及演員莫里哀（Jean-Baptiste Poquelin Moliere, 1622–73）

垃圾車法則的基本精神是「謙卑」。沒有人是完美的。當有人指出你的缺失，你不必馬上防衛自己。反過來說，你也不需要評斷別人的不完美。只需要留意你的人際關係中，好的和重要的那一面，讓垃圾車——包括你製造的垃圾車——從身邊開走。

下一次你想要防衛自己的時候，不妨停下來，重新衡量一下你想把心思放在什麼地方。你真的受到攻擊了嗎？或者只是你的雷達接收到的某些訊號，使得你轉移注意力、忽略真正重要的事情？

請記住，如果你相信某件事情值得花些心思，以後一定還有機會再回頭處理。與其讓垃圾車壓過你，不必要地啓動防衛之心，然後再大費周章，抹除負面影響，不如深思熟慮之後，再以平衡的心態回頭審視。

＊＊＊

大一時一次足球練習，讓我學到了一件事：當你太過用力去回應激起你防衛心的第一件事，會導致什麼後果。那時我當全衛，負責阻擋跑衛。

教練在場邊發號施令。我們擠在一起，四分衛指導大家怎麼打。我應該跑向右邊，穿越爭球線，阻擋外線衛。

四分衛喊：「準備！」

我們高喊：「散！」然後在爭球線各就各位。

四分衛叫道：「綠18。綠18。預備。上，上，上！」

中鋒抓了球之後丟給四分衛，他轉交給跑衛。我開始衝向爭球線，尋找外線衛。

接著，另一名防守球員衝向我的去路，打算把我撲倒。我感到腎上腺素急速上湧，緊緊盯住他，看著兩人之間的距離逐漸縮小。接著，我使出全身力量，猛烈阻擋對手，而我本該阻擋的外線衛則從我身邊跑過，在幾公尺遠的地方遭到擒殺。就在那時，我聽到教練在場邊大叫：「全衛！全衛！全衛在哪裡？」

我反應還慢半拍，心裡想著：「教練不會是在吼我吧？」

他再次大叫：「波萊，你在哪裡？」

我抬起了頭。

「波萊，你在幹什麼？」他跑了過來，盯著我說：「你本來該撞誰？」

「外線衛，教練，」我說。

「結果你撞的是誰？」

「防守邊鋒，」我說。

「你幹嘛要撞他？」他的聲音低沉下來。

「因爲他擋在我前面，」我說。

教練說明我犯的錯誤。他說，我根本沒有照著預先規劃的打法去打。我的任務是去撞外線衛，跟在我後面的另一名隊員，則負責收拾防守邊鋒。我應該閃過防守邊鋒，去撲倒外線衛。可是我沒有這麼做，所以外線衛才有機會擒殺。

* * *

一開始我的自我感覺相當好，因爲我正面迎擊了防守邊鋒造成的威脅。他竟然敢向我挑釁，所以我狠狠地回擊，阻擋他的去路，心裡頗爲得意。

但我錯了。原來守方正是要誘騙我去撞防守邊鋒，好讓外線衛有機會拋球給跑衛。我掉進他們的陷阱。

教練說我根本擋錯人。這種情況在中學足球賽中屢見不鮮。中學足球賽的攻防術，往往是見一個打一個，毫無策略可言。

「波萊，你已經不是中學生了，」教練說。「給我照著正確的打法去打。」

* * *

如果垃圾車每兜一圈便激起你的防衛心，那就表示你並沒有照著正確的打法在打。相反的，你是讓別人誘你入彀，浪費力氣去打不該打的仗，轉移注意力，偏離了防守位置。

爲了把心力集中在最重要的事情上面，你必須抗拒誘惑，不要因爲好強而忍不住反擊每一輛擋路的垃圾車。擊退垃圾車沒什麼好得意的；讓它們開走，才値得慶幸。

向垃圾車說不

當你的防衛心總是保持在高度警戒狀態，你會很容易受到垃圾車的影響。稍有一點風吹草動，就激起你最高等級的防衛措施，你的注意力跟著轉移，離開真正應該專注的事情。

這個星期，注意一下你在什麼情況下會啓動防衛心、採取行動。接著，評估你的防衛是否適當，或者有無反應過度。

在你的生活中，找出一、兩種經常發生、可以降低防衛反應的狀況。然後，試著調整你的反應方式。

留意一下，不再時時拉警報，感覺有多好。

4 讓垃圾車開走，機會就來

沒有什麼事是不幸的，除非你這麼認為。

——古羅馬哲人及音樂學家波埃修斯（Boëthius, 480?–524）

最後一個員工走進會議室，帶上了門。眾人沿著左右兩邊和後面的牆，圍坐在大會議桌的四周。每個人都神情不安地注視前方。我坐在桌子前頭，看了一下錶。上午九時整。會議該開始了，而我即將宣布他們最不想聽到的消息：在座的各位得捲鋪蓋走路了。

兩個月前，主管就警告過我會有這麼一天，並且要由我來執行告知的任務。

來龍去脈

那時，我在全球付款系統（Global Payment Systems）工作。這是萬事達卡和全國資料公司（National Data Corporation）一年前合資設立的公司。它有兩個客服中心：萬事達卡的客服中心設在聖路易，績效相當不錯；全國資料公司設在亞特蘭大的客服中心則是在掙扎求生。我原本是萬事達卡紐約辦公室的規劃與行政管理主任。全球付款系統成立後不久便向我挖角，我接受了，接下來便開始在紐約和亞特蘭大之間通勤，協助領導階層，促使這家公司的營運上軌道。六個月後，我搬到亞特蘭大。

我是亞特蘭大中心的第二把交椅。有一天，主管告訴我，公司將要整併聖路易和亞特蘭大兩個客服中心，以節省成本。所有的客服作業，往後都將由聖路易提供。最近才來接掌中心的現任主任已經離職。主管說，我可以接下亞特蘭大中心主任一職，但建議我不要這麼做。主管建議，我最好是以借調的名義任職，因爲接管這個中心吃力不討好，而且員工一知道這個中心即將關閉，難免會把矛頭轉向我。屆時士氣勢將滑落，服務水準也會急轉直下。簡單地說，就是什麼甜頭也沒有。

更糟的是，聖路易的客服中心得花四個月的時間擴充容量，才能處理額外的話務量，以及學習如何對亞特蘭大支援的產品提供服務。所以我除了要負責告訴員工，說他們不久就要失業，還要請他們盡量留久一點，幫忙訓練聖路易的客服代表。這事做起來可不容易。

我明知這件事相當棘手，還是接了下來，因爲我相信，我們這支團隊能有不一樣的表現。主管支持我的決定，提供我需要的資源，並且請聖路易的高層領導人協助我。在此同時，員工關切的自身權益必須加以處理。例如，他們需要公司訂定補償計畫和提供生涯諮詢，協助他們因應這次變動，並且在中心關閉之前找到新工作。而我知道，他們還需要另一項更重要的自我體認——不管是以團隊還是個人的立場，我們必須集中心力，處理我們所掌控的事情——也就是盡我們所能，對公司和對自己的事業生涯，做出最好的規劃。

挑戰

我們只有四個月的時間，其間不僅得設法維持亞特蘭大客服中心的服務水準，同時還得在公司內外，爲大約一百個員工另尋出路。如果衆人並肩作戰，那就有可能在中心關閉之際，超越所有的服務水準目標，甚至寫下前所未見的高績效。可能雇用這些員工的雇主，不僅會看到我們優異的表現，也會看到我們出色的品格。

我知道，如果員工相信自己背負的使命十分重要、扮演的角色很有價值，並且工作起來很愉快——尤其是在這個前景不明的時刻——他們便能掌握快樂的祕訣。這樣一來，他們會有更好的機會很快找到新工作。

心理學的研究已經證實，比較快樂的人，換跑道也會比較順利。心理學家玻姆（Julia Boehm）和柳博米爾斯基在兩人合著的論文〈快樂是否對職業生涯有利〉寫道：「和不快樂的人比起來，快樂的人比較不容易丟飯碗……一旦快樂的人失業，也會比不快樂的人更容易找到新工作。」兩位學者同時指出：「快樂的人即使還沒找到工作，也會比不快樂的人更容易得到第二次面試的機會。」

＊　＊　＊

我再次環顧衆人，低頭看了一下筆記，接著緩緩開口。我把公司採取的撙節成本措施告知員工，也讓他們知道總公司已經決定關閉這家客服中心。我告訴他們，公司允許我離開，但我決定留下來，因爲我對這個團隊懷抱信心。

我明白告訴他們，總公司認定這個會議一結束、衆人各自回到工作崗位後，接聽的客訴電話一定不到打進來的一半，情況會一團糟，而且會持續到四個月後中心正式關閉時。

我告訴在場所有人，我們絕對不會那麼不負責任。我說，我相信我們能夠繼續維持服務水準，同時仍能找到理想的工作。這是很艱難的任務，但我們一定辦得到。對我們來說，關鍵在於專心處理當務之急。至於無法控制的負向事情，就放手讓它們過去吧。

有人會散播謠言，我們可以不去聽。有人會抱怨，我們不跟著起舞。有人會勸我們早點辭職，但我們不爲所動。有人會說，這是公司的錯，乾脆擺爛到底，但我們會把這些話當作耳邊風。當別人試圖往我們身上倒垃圾時，我們會立刻閃身。

我們有更重要的任務。

跌破眼鏡

會議室裡有人哭泣、有人心神不寧，並且提出很多問題。當所有的問題都問完並且回答之後，衆人回到工作崗位接聽電話。

我看著員工坐進辦公隔間，戴上耳機。我瞄了一下顯示幕上的來電數。在我們放下工作去開會時，來電數越積越多。現在有二十五通電話等候處理。我曉得這得花一番工夫才消化得完。

沒多久，有個主管拍拍我的肩。

「大衛，看看數字，」他說。

我回過頭，看到等候來電數只剩十六通。我盯著顯示幕。等候處理的來電數字節節下降，就像新年除夕的倒數計時。我們的員工正認眞地服務顧客。

一整天下來，我們回覆了一通又一通的電話。員工自動延後休息時間，以便繼續接聽電話。他們互相協助，解決困難的客訴問題，每通電話結束後，他們盡速更新資料庫中的顧客紀錄，接著很快接聽等候中的下一通來電。整天都這麼忙碌。

那天晚上我下班之前看了統計數字。總公司說我們只會回覆一半的來電，但我們表現得更好。其實，我們回覆了九六%的來電——比業界的卓越服務標準還高了一%。

接下來四個月持續如此。我們這個中心一再刷新服務水準的最高紀錄，而且協助了幾近全部的員工，在公司內外找到新工作。但這事做起來可沒那麼容易。

不是只有我們承受壓力。銷售團隊擔心他們的顧客得不到好的服務；行銷團隊很怕他們的產品得不到支援。好人在壓力之下，也容易變成垃圾車。

我們盡可能傾聽眾人的怨怒，但如果他們是以負向的方式傳達，我們不會照單全收。我們不見得都能如願。有時，我們會漏聽最重要的訊息，因爲我們任由某個人的負向態度攪亂我們的心緒。一家公司整併的過程，往往會把員工拉進沉淪的漩渦之中，他們的態度、行爲和績效不免受到影響。而我們則不然，因爲衆人團結一致、打起精神：我們雖然置身於艱困的處境，仍然竭盡所能，專注處理能夠掌控的事情；至於那些力所不及的，就放手讓它過去。

後續

常常有人問我，我是怎麼當上雅虎的首任顧客關懷（Customer Care）主任。我的回答是，到雅虎的這一段，在我決定留在亞特蘭大客服中心，帶領團隊走過困難時期的那一刻就開始了。我到亞特蘭大本來是爲了幫忙改善一個客服中心，並沒有想到要看著它關閉。但是我發現這次整併行動其實也是個機會，幫助人們在最困難的時候，仍然不放棄最重要、最根本的事情。我們做得並不完美，但交出的成績單還不壞，全球付款系統認爲我們的成就值得表揚，雅虎也注意到我所做的努力。

雅虎認爲，如果我能在整併時期成功地經營一個客服中心，應該也能在一家快速崛起的公司建立顧客關懷組織。

向垃圾車說不

當我們讓垃圾車開走，大好良機跟著出現。

想想看，你的生活中有哪些領域，允許垃圾車開進來，阻擋你追求機會？

選擇一個領域，寫下你將如何擺脫垃圾車的影響，向前邁步。

從今天開始，騰出空間，讓機會進來，讓自己更有活力。

5 你敢不敢不還手？

當你停下腳步去面對令你害怕的事情，便會增強你的力量、勇氣和信心。越是認為自己做不到，越是要去做。

——前美國總統夫人愛莉諾・羅斯福（Eleanor Roosevelt, 1884–1962）

美國職業棒壇名人瑞基（Branch Rickey）總是在尋找人才。他物色的標準是具備「不還手的氣魄」這種相當出色的人格特質；這種人能夠持續專注於目標，而不是一心只想著報復；而且他是爲了更上一層樓而戰，並不是爲了反擊。

瑞基花了許多時間尋找人才，範圍遍及美國、古巴、墨西哥、波多黎各和委內瑞拉等地。畢竟千里馬有待伯樂發掘。

有一天，瑞基終於發現他一直在尋找的人，便請對方到布魯克林一敘。

「對手會嘲弄你、激怒你，」瑞基告訴那個人。「他們會做出任何刺激你回擊的事。」他先要確認這個人夠強韌，能夠執行交付的使命，前提是「他挺身面對殘酷無情的煩擾，而不出手報復。矛盾的是，他仍然銳氣十足……一旦證明他有能耐，他得把謙卑擺到一邊，絲毫不會爲自己的勝利而慚愧」。

打不還手

羅賓森（Jackie Robinson）正是瑞基一直在尋找的人。瑞基當時是布魯克林道奇隊的總裁，羅賓森則是黑人聯盟堪薩斯國王隊的球員。

瑞基試圖打破職棒界的膚色藩籬。後來有人稱這項計畫爲「崇高實驗」（The Noble Experiment），瑞基相中由羅賓森來實現這個想法。

正如瑞基所料，羅賓森在大聯盟的第一年，遭到相當不友善的對待。球場上，球迷嘲弄奚落他；更衣室裡，球員當他是透明人、完全孤立他；飯店拒絕在他參加巡迴比賽期間讓他入住；還有人寄了匿名恐嚇信。羅賓森卻始終只顧著打自己的球。

羅賓森許下承諾，也說到做到。他的生活有了重心、產生力量，正如羅賓森在自傳《順其自然》所說的：「挨了一巴掌後，要不要把另一邊的臉也轉過去給對方打？爲了許多理由，我必須那麼做。爲了年輕一代的黑人同胞，爲了母親，爲了妻子，爲了自己，也爲了瑞基。」

尋求見證

這條路走起來好寂寞，幸好羅賓森並不孤單。妻子蕾琪兒支持他、瑞基挺他——還有其他一些人，他們擁有勇氣和道德力量，願意擁護羅賓森。

不管你有多強，有些時候仍然需要其他人護衛你。當成千上萬的垃圾車蜂湧而來時，你赤手空拳是贏不了的。必須有人爲你見證，一路上給你肯定和幫助。

李斯（Pee Wee Reese）就是羅賓森的見證人。李斯擔任游擊手，後來躋身名人堂。他曾在波士頓的一場比賽被隊員指責。當時羅賓森守二壘。羅賓森在自傳中提到：

他們取笑李斯竟和黑人一起打球。李斯看都不看他們一眼，走到我身邊。他把手搭在我肩上和我講話。他講了什麼並不重要。我甚至不記得他講了什麼。重要的是，朋友之情的表態和支持。他友善的手臂環繞著我的肩，就像在說：『叫吧！吼吧！我們是來這裡打棒球的。』

那一天，李斯以微笑、揮手和祝福，回應那些垃圾車。羅賓森也因此有了一個見證人——他並不孤單。

李斯完全了解羅賓森和瑞基的心思。如果他們讓垃圾車開走，而且將注意力、心力和精神集中在所背負的使命上，道奇隊勝算很大。

《紐約先鋒論壇報》運動版編輯伍華德（Stanley Woodward），是羅賓森的另一位見證人。伍華德得知聖路易紅雀隊密謀在最後一刻，在羅賓森預定上場的一場比賽罷打。如果羅賓森上場，紅雀隊將拒絕出賽。他們的行動可能產生骨牌效應，引發一連串的罷打，與棒球聯盟爲敵的人，氣焰將爲之升高。

伍華德不希望看到這種事。他在報上寫了一篇報導，使這場密謀行動見光死。

伍華德大可不發一語，但他選擇站出來大聲講話。國家聯盟的理事長弗利克（Ford Frick）也一樣，得知聖路易隊密謀抵制羅賓森和道奇隊之後，便展現強硬的態度。他斬釘截鐵地警告紅雀隊，如果他們敢按照計畫行動，將付出慘痛的代價：

我不在乎會不會有半個聯盟罷打。罷打的球隊馬上會被禁賽……這裡是美國，任何一位公民都有打球的權利。不管怎樣，聯盟會和羅賓森站在同一陣線。

結果罷打事件沒有發生。弗利克強硬的立場有助於化解傷害力很強的一場罷打風波。羅賓森有了另一個見證人。

羅賓森能夠成功，是因爲他擁有「不還手的氣魄」，但這並不表示他默認旁人的否定。他只不過是讓垃圾車開走。而那些勇於出面的人增強他的力量；他們不受垃圾車阻礙或脅迫，只做自己認爲是對的事。

＊　＊　＊

你遇過類似的情況嗎？當垃圾車衝過來時，你能一夫當關嗎？你會將注意力集中在你能控制的事情上，並且讓垃圾車開走，以完成使命爲首要任務嗎？

當別人遭遇這種情況，你會怎麼做？你是否有勇氣在別人的生活中，充當瑞基、李斯、伍華德或者弗利克？你會當個見證人，挺身護衛對的事嗎？

向垃圾車說不

羅賓森面對的嚴峻挑戰，超過大部分人的想像。有幾百萬台垃圾車朝他開過來。他並不回擊，而是讓它們開走，繼續完成自己該做的事。他創造了自己的歷史。

你最珍視的夢想是什麼？如何不讓垃圾車擋路，妨礙你實現夢想？

＊羅賓森是美國職棒大聯盟史上第一位黑人球員。一九四七年，羅賓森代表布魯克林道奇隊上場比賽之前，黑人球員只准在黑人聯盟打球。因此，羅賓森踏上大聯盟，被視爲近代美國民權運動最重要的事件之一。

關於垃圾車法則，我們要學的第二課是，
不只別人會往我們身上倒垃圾，我們本身否定消極的心態，
也會使我們停留在不愉快的回憶，或是無謂地擔憂不確定的事。
垃圾車最大的破壞力，
就是把我們困在這種自我打擊的習慣和思維方式中，
使我們沒辦法充分發揮所長、更上一層樓。
接下來，我們要讓自己的垃圾車開走——別往自己身上倒垃圾。

第二個承諾

讓你自己的垃圾車開走

別往自己身上倒垃圾

6 讓承載過往記憶的垃圾車開走

每一天的太陽都是新的。

——希臘哲學家赫拉克利特（Heraclitus, 540–480 B.C.）

我們生活中的種種事件，以及我們對它們的解讀，會在我們心裡像一連串的短片那樣不停放映。投影機持續轉動，而我們在腦海螢幕上看到的許多影片，都有垃圾車攙雜其中。我們的記憶中儲存著一支影片：那些曾經傷害我們、令我們困窘、憂慮、遭受侮辱、倍感挫折、引起憤怒或者失望的人，幾乎都在裡面參一腳。

〈心理學家包美斯特與其佛羅里達州立大學的同事，共同發表論文〈壞強於好〉，其中提到：

日常生活中的大小事情，都可以看到壞事的力量更甚於好事……壞情緒和負面回饋造成的衝擊，比好情緒和正向回饋來得大，而且我們往往花比較多的心力去消化壞消息……壞印象和負面刻板印象比好印象和正面刻板印象更容易形成，而且比較難改變。

往事重播

幾乎每個人都有這樣的經驗：人生中的壞影片，一有風吹草動就會開始播放。這一刻，你覺得心情不錯；下一刻，卻想起很久以前不愉快的事。

一勾起負向的記憶，我們往往沉溺其中，在裡面尋找新的意義。但是在我們思索和重新分析這些記憶的時候，我們的身體會有反應，而我們的感受仍然強烈鮮明，好像事情重新上演了一遍。我們的五臟六腑糾結成一團，呼吸急促，身體緊繃，情緒宛如回到當時。

我舉個正向的例子來說明這種現象好了。想想你人生中美好的一件事，例如大學畢業典禮、找到第一份工作，或者遇到初戀情人的那一天。現在，停頓一下，閉上眼睛，盡可能詳細回想那一刻。用一分鐘的時間，享受那個記憶。

那個記憶讓你感覺如何？你忍不住微笑？開心得笑出聲來？或者感覺還不錯？和那件美好的事重新連結，你看到了什麼？聞到了什麼？嘗到了什麼？

停止替壞記憶充電

如果我們能夠更常溫習愉快的記憶，我們會更快樂。問題是我們的心思偏愛搜尋負面的記憶，滿腦子也只在重演那些壞事，而不是好事。結果，我們一而再、再而三地和垃圾車相撞，苦不堪言。

當我們碰觸這些壞記憶，使得壞記憶通過我們的意識——不論我們剛剛起床、準備就寢、感受到壓力，或甚至在愉快片刻的當下——會更加強化這些壞記憶，讓我們再次感受到當初那種失望、焦慮和疑惑的心情。重新替這些舊記憶充電，到頭來便強化了它們的重要性。

科學家指出，我們的記憶，往往只保留了一段經歷的最後片斷。因此，每當你回想人生中的某一件事，你不會回顧觀想所有的細節，而是參照你上次對那件事的回憶。哈佛大學心理學教授吉伯特（Daniel Gilbert）在他的著作《快樂爲什麼不幸福》中提到，「記憶」並不如我們所想的那樣公正不阿，根本是不客觀的記者和歷史學家。

記憶並不是非常盡責的記者，而是老練的編輯，把一段經歷的關鍵要素剪輯保存起來，然後利用這些要素，在我們每次要求重讀的時候，改寫一二。

假警報

當我們探討大腦的基本特性，情況變得更加複雜。人腦會自動設法維護我們的安全。問題是，我們的大腦有個超級敏感的警報系統。它經常發出身體和情緒上的警報，警告我們「出問題了」，事實上那些問題並不構成威脅，但我們還是不免被迫去回應那些心理和身體上的假警報。

＊＊＊

曾經在德州兒童醫院擔任精神科主任的佩芮（Bruce Perry），在《分裂思考》一書中寫道：

> 大腦接收特定事件（特別是威脅性的刺激）並加以歸納的能力無與倫比，卻使人類容易受到創傷事件和其他無威脅性狀況之間，錯誤的聯想和歸納所造成的傷害。

人生中已經過去很久的創傷事件，仍能重新激起我們的恐懼，並且繼續造成傷害，即使已經不需要害怕什麼了。

＊＊＊

大部分的日子，我早上醒來的時候總是心情愉悅。爲什麼？答案很簡單：我起床時都會和妻子溫暖地相擁。打點兩個小女兒上學的例行公式，也是很讓人珍惜的晨間時光。即使有些日子起床時有點累，我還是很快樂，因爲我的心思都放在我關心的人和事上面。

＊＊＊

因公出差的日子，則和在家時很不一樣：早晨醒來，腦海裡常常浮現舊日回憶、某個想法，或者說不清楚的感覺。其中有些想法是負向的。那是承載過往記憶的垃圾車。接著，我那還沒完全清醒的腦袋，便會自動開始搜尋一些證據，想知道自己是不是仍然受到那些負向記憶和想法的影響。如果我不夠小心，就會輕易找到證據片段，證明這些負向記憶對我仍然很重要，而且在我的人生中扮演某種角色。結果，當初的不好回憶或者想法，緊緊抓住我的注意力，爲我一天的開始定了調。

你能做什麼？

第一把鑰匙是，認清你的大腦會繼續在你人生中的每一天，發出潛意識的警訊。

第二把鑰匙是，要知道當大腦聯想到負面記憶時，也可能會啓動潛意識的警訊，觸發不良的情緒反應。維吉尼亞大學心理學者海德特（Jonathan Haidt）在著作《象與騎象人》提到大腦的潛意識程序：「（大腦的）自動程序每天會冒出數以千計的想法和影像……那些我們試圖壓抑和否定的想法和影像會縈繞心頭、揮之不去。」

第三把也是最後一把鑰匙，是知道沒有必要去碰觸所有的負向記憶。我們不需要每次當它們一浮現，就去思索和分析它們。這三把鑰匙可以打開我們的快樂之門，讓我們擺脫「垃圾車回憶」的糾纏。

「微笑、揮手、祝福，繼續前進」

幸好，我們現在知道，運用垃圾車法則能夠應付不良記憶的殺傷力。你不需要在不好的回憶和負向的想法出現時，就去壓抑和否定它們，「只要微笑、揮手、祝福，繼續前進」就行了。

有些時候，你必須承認某些記憶就像垃圾車；而要不要讓那些不好的記憶遠離你，完全由你決定。別讓不好的記憶減損你的愉悅、自信，以及你對生活中的美好和可能性所抱持的想望。

向垃圾車說不

大部分人至少有一段「垃圾車回憶」，三不五時就浮上來，使我們的心情變差。你是不是也有這樣一段回憶？這段回憶如何持續纏繞著你？把它寫下來。

現在，向自己許諾：下次當這段垃圾車回憶再度現身時，我要微笑、揮手、祝福，然後讓它就此過去。當你這麼做的時候，確實感受一下讓回憶隨風飛的感覺有多好。讓自己常常享受這種感覺。

7 讓未來的垃圾車開走

通往幸福快樂的路只有一條，那就是不去擔心自己無法控制的事情。
——希臘哲學家愛比克泰德（Epictetus, 55–135）

人難免會想到未來——不論是努力追求的目標，或是可能遭遇的阻礙。為可能發生的事情做好準備固然重要，但是滿腦子想著可能到來的垃圾車，絕對無法幫助我們完成任何事情。這會轉移我們的注意力，使我們無法好好享受現在已經擁有的東西、處理眼前面對的問題，以及規劃即將到來的明天。

悲慘的一週

我是在度過這一生最低潮的幾個星期之後，才學到不該一直去想未來可能出現的垃圾車。這一課，我是在大學時期學到的。

我來自威斯康辛州，上耶魯大學時才第一次離家。那段不平順的日子，得從哈克尼斯館大禮堂說起。我和其他將近四百個同學在那裡考經濟學期中考。當我起身交卷時，所有同學發出「哇」的聲音，肅然起敬地看著我。三個小時的考試，我不到四十分鐘就交卷了，令同學們瞠目結舌，以爲我嫌考題太簡單。他們萬萬沒想到，兩天後經濟學教授發回考卷，總分一百分，我只得六分。我會那麼早交卷，是因爲根本無從作答！而這只是「悲慘週」的序幕而已。

隔天，情況略有起色：我的成績從經濟學的F，提高爲大文學的D+。接下來，這個星期繼續在足球場上走下坡。

父母和弟弟遠從密爾瓦基來到紐黑文，準備觀賞我在那一季的第二場比賽。就在他們抵達的前一天，我不小心在練習時扭傷了腳。結果家人在看台上，只見到我拄著枴杖站在場邊，根本沒辦法上場。

最後，那個星期快結束時，交往不久的女朋友告訴我：「大衛，我被訂走了，準備要結婚了。」我不大明白「被訂走」是什麼意思，但知道對我來說絕不是好事。

＊＊＊

在此之前，我總覺得自己相當樂觀。我不是沒有自我懷疑過，但大致上都能克服、擺脫那些疑慮。但眼前的情況前所未有：我書讀得不好，足球夢破滅，連女朋友都要嫁給別人。

我想像著自己滿臉豆花回密爾瓦基老家的情形。腦海裡浮現著有人在背後說我球技很遜，連上場機會都沒有，而且我根本不是念常春藤名校的料。我擔心同學和隊友排擠我，也擔心教授不肯騰出時間輔導我。

簡單地說，我想像著未來有一堆垃圾車迎面衝來。我越是鑽牛角尖、老在想別人可能會怎麼說和怎麼做，我的想法就越扭曲。

千斤頂的故事

就在這個時候，父親幫助我看清自己想像的垃圾車。他講一個老故事點醒我。這是已故的美國喜劇演員湯馬斯（Danny Thomas）的經典搞笑戲碼之一。

有個人開車經過沙漠時爆胎了。他只好下車，打開行李箱找備胎和千斤頂。備胎找到了，卻沒有千斤頂。「喔，不！」他哀聲喊道。「那我得回頭走八公里，到剛剛經過的加油站去借！」

他開始往回走。「希望那傢伙有千斤頂，」他自言自語。走到半路，他心浮氣躁地咕噥著，「他最好有千斤頂。」快到加油站了，他咆哮了起來，「那個傢伙最好肯借我千斤頂！」

終於走到了加油站。他滿頭大汗，倍感挫折，一肚子火。他走上前對加油站老闆說：「嘿老哥，算了，就當沒那回事！你留著那個臭千斤頂吧！」

他轉身，回頭又走了八公里的路，回到車子旁邊……卻沒借到千斤頂。

說完，父親看著我笑道：「可別和這傢伙一樣。」

父親想讓我明白的是，如果老是去想最糟的狀況，對自己沒什麼好處。為什麼要花所有的心思去想像最差的結局呢？不但自己嚇自己，到頭來也沒解決手上的問題。

心理學家瑞維琪（Karen Reivich）和夏提（Andrew Shatte）在《挫折復原力》一書中，談到「杞人憂天」這種心態的負面影響：「有些人很容易被焦慮佔據全部心思，而且專往壞處想——他們讓自己停留在挫折和逆境之中，善於想像未來的災難。」

瑞維琪和夏提介紹一種效果不錯的五步方法，用於對抗「杞人憂天」的毛病。他們建議這麼做：

一、把你面對的不順遂，以及可能發生的最糟狀況列出來。

二、評估上述每一種狀況發生的機率。你會發現，任何狀況發生機率都很低。

三、接著，想像可能發生的最好狀況。越不切實際越好，直到你忍不住笑出來。

四、你已經找出最糟和最好的狀況——請把心思集中在可能性最高的狀況上。

五、然後，以你的新觀點，提出解決方案。

我們每個人都經歷過挫敗。有些人的反應卻像是迪士尼卡通電影《四眼田雞》中的小雞丁，手足無措地大喊：「天快塌下來了！」

心理學家塞利格曼（Martin Seligman）以研究「習得的無助」和「習得的樂觀」著稱，並在創立正向心理學的過程中扮演重要角色。他相信，悲觀情緒很少對我們有好處。塞利格曼在他的著作《眞實的快樂》一書中，彙總二十多年來對悲觀所做的研究，提出結論：「當壞事情發生，悲觀者沮喪消沉的機率，比樂觀者多出八倍。他們在學校、運動和大部分工作上的表現，不及他們眞正的實力。他們的健康情形不佳，壽命較短。他們的人際關係比較多摩擦，很容易輸給比較樂觀的對手。」

這是正常反應，但是要讓它過去

我們都知道，生活中有些事件會讓我們產生沒有幫助的負面想法。幾乎所有人都一樣——這是很正常的反應，也是人性的一部分。要注意的是當這些想法出現時，不要太在意，理由很簡單，因為試圖對抗或防堵這些念頭，只是浪費力氣而已。

與其把注意力放在負面想法上，不如把注意力轉移到你想要的未來，以及比較正向的事情。你可以把心力集中在一項計畫上，然後全力達成想要的成果。下一回，如果你對某些事情感到苦惱，對未來產生負向的想法，就可以把心思轉移到有根據、樂觀、切合實際的期望上。

＊　＊　＊

在我剛進耶魯大學那段難熬的日子，父親幫助我脫離那股漩渦，不再想像未來的垃圾車。我把注意力集中在自己能控制的事情上面。我向教授請教，他們樂於提供建議。我認眞做作業，在班上的排名快速爬升。雖然我沒有挽回女友的心，也不曾成為足球明星，學業成績卻顯著進步。後來我主修經濟學，畢業時有幸高舉校旗。

腦子裡不斷浮現最糟的景象，想像別人可能對你如何不客氣、不肯幫忙、不友善，這些念頭對你毫無幫助，只會製造子虛烏有的垃圾車。微笑、揮手、祝福它們，然後繼續往前走，你才能無掛無礙，專注於眞正重要的事情。

向垃圾車說不

想像你未來會遇到什麼事，包括生活面和工作面。你是不是過度悲觀？你替自己製造了哪些垃圾車？

下一次，當你發現自己老是在想最糟的情況時，請照著「垃圾車法則」去做：微笑、揮手，讓那些念頭在你心頭一閃即逝。然後，立刻採取行動——動手執行計畫——創造你想要的未來。

8 受苦的人，沒有製造垃圾的權利

除了生不生病不是我能選擇，其他一切都在我的掌控之中。

——罹患巴金森氏症的美國影星米高・福克斯（Michael J. Fox, 1961–）

已經在工作崗位服務十九年的老警官艾森深愛妻子和兩個小孩，家庭生活幸福美滿。

艾森最近寫了一封信給一對兒女洛倫和安德魯。他在信中表達自己對兒女的愛、對他們懷抱的期望，以及他會永遠當他們的靠山。信寫得很感人。可是他的妻子莉莎卻沒看這封信，因為一想到艾森寫這封信的原因，她就難掩悲傷，看不下去。

艾森得了一種非常罕見的疾病，醫生認為很可能是腦部淋巴瘤樣肉芽腫（lymphomatoid granulomatosis, LYG）。初步研究顯示，當ＬＹＧ仍停留在腦部的局部地方，是可以治療的，但長期預後則不明朗。而若ＬＹＧ擴散到其他器官，死亡率相當高。

病程

一切要從艾森二〇〇七年癲癇發作說起。醫生當時認爲艾森腦部可能有腫瘤，便安排腦部手術。一打開才發現疑似罹患腦膜炎。這是腦部的　種感染或者發炎。醫生清除了受感染的地方。經過一段相當長的恢復期，艾森返回工作崗位，三個月後在執勤時再度發病。掃描後發現腦部有三個新的損傷區。

經過第二次開刀和檢查活組織，醫生診斷是腦部淋巴瘤樣肉芽腫，但未經證實。

艾森像是打了一場仗，整個人筋疲力盡地再度回去執勤，但他仍然抱著希望。損傷區漸漸消失了。

但是兩年後，二〇〇九年十一月，在艾森的一次定期腦部掃描中，醫生又發現新的損傷區。由於沒有任何不適的症狀，醫生決定先觀察一陣了，再決定要怎麼做。但他們並沒有等太久。

二〇一〇年一月，艾森的癲癇再度發作，陷入昏迷，八小時後才恢復意識。不過也有好消息，這回艾森的腦部並沒有受損。更好的消息是：腦部掃描影像已經看不到損傷區。但為了防止癲癇復發，醫生開給艾森另一種抗癲癇藥。

這番過程頗為折騰，但艾森的情緒很穩定。「醫生有談到預後嗎？」我問他。

「他們的疑問和我一樣多，」他說。「LYG有可能繼續發展，擴散到身體其他部位。所以，你可以想像，每次掃描結果一出來，治療方向可能就要大轉彎，實在很傷腦筋。醫生擔心如果治療方法錯誤，後果不堪設想。」

「好的憂慮」vs.「不好的憂慮」

「你難道不會擔心嗎？」我問艾森。

「擔心是很正常的，」艾森說。「重點是不能擔心得太過火。」

曾任教於哈佛醫學院的精神科醫師赫洛威爾（Edward Hallowell），在《憂慮》一書中的觀點，支持了艾森務實的看法。赫洛威爾把憂慮分爲「『好的憂慮』（飛機可能誤點。我打電話到機場問問看）和『不好的憂慮』（飛機延誤這麼久，八成失事墜機了，我越想越難過）」。赫洛威爾特別強調要趕緊行動，確保「好的憂慮」不致演變成「不好的憂慮」。「這裡面有個機會之窗，也許只有一分鐘，但你可以好好把握。在不好的憂慮緊緊抓住你之前，就斬斷它的觸手。大部分人一旦被不好的憂慮緊緊抓住，就會纏繞好幾個小時，甚至幾天或幾個星期。你必須當機立斷，快刀斬亂麻。」

艾森告訴我，明白「垃圾車法則」後，他曉得自己正在製造許多不好的憂慮：

自從我生病後，我給自己製造的垃圾，比別人丟過來的還要多。我會有各種負面情緒：憤怒、自憐、悲傷以及失落感。但我知道，一定要把注意力轉移到我所能掌控的事情上面，才能幫助我的身體好轉。我承受不起更多的垃圾。

像我這種情況，很容易往自己身上倒垃圾。要怎樣才能微笑、揮手，讓那些沒有用的想法過去？首先，你必須警覺到自己快變成一輛垃圾車。其次，你要看著鏡子，告訴自己，你不要成爲自己的垃圾車。

生活有重心

艾森沒辦法改變生病這個事實。他所能做的，便是按時服藥，經常運動，愼選飲食，定期回診。

「你是怎麼保持生活重心和正向的態度？」我問艾森。

「我蹲在地上，和孩子們玩小火車，」他說。「我和朋友們愉快地談笑。我提醒自己，我擁有那麼多值得感謝的事物。而且，若是熬過這場考驗，我會變得更堅強。『爲什麼是我？』這種問題沒有答案，所以我只能接受它。我知道，自己製造垃圾和別人往你身上倒垃圾一樣容易。所以，我寧願想像自己會一天一天好起來。」

艾森接著說道：「在我感到生氣、害怕、焦慮、悲傷和沮喪的時候——還不只有這些——『垃圾車法則』能夠支撐我。我提醒自己，我不是垃圾車。我不需要在內心堆積那些負向的情緒。它們一點好處也沒有。當我讓垃圾離開我，就不會被這些毫無幫助的事情壓垮。」

艾森很有理由讓自己深陷在負面情緒之中，可是他卻對生命懷著感謝的心。他很清楚：人有旦夕禍福。有了這層認識，艾森選擇既不收垃圾，也不倒垃圾。這是他所能掌控的重要事情之一。

艾森對兒女的愛不只是寫在紙上，更要化爲實際行動。

向垃圾車說不

艾森把心思放在感恩惜福，以及他所能掌控的部分，而不去擔心無法預知的未來。

你擔心將來會發生什麼事，奪走你今天擁有的東西？

你可以做些什麼，為未來做好準備，好讓你繼續把重心放在眼前？寫下你能做些什麼，減緩你的憂慮。從這個星期，就開始執行其中一兩項。

以後，當令人不安的想法再度浮現（它們會來的），一定要告訴自己：你已經做好準備。然後微笑、揮手，讓那些未來的垃圾車從身邊離開。

幾乎每個人都會在某個時候成爲垃圾車——有些人特別常當垃圾車。
當我們生氣、失望、挫敗、焦慮和感受到生活的苦澀時，
就會有這種傾向。
當我們心裡的負擔太過沉重，就會忍不住四處倒垃圾。
但我們可以停止這麼做。我們不必讓自己成爲垃圾車。

第三個承諾

避免成爲別人的垃圾車

別往他人身上倒垃圾

9 放過別人，放過自己

世界上沒有一種東西，比怨瞋之心更快耗弱一個人。
——尼采（Friedrich Nietzsche, 1844–1900）

許多人終其一生想要報復垃圾車。被某一輛垃圾車襲擊後，他們覺得遭到侮辱、挑釁或者侵犯，非盡快還擊不可。他們盤算著如何展開言語或行動的攻勢，還一邊想像著報復的快感。

他們成了自己的電影導演，想像自己是動作片中的英雄人物，義正辭嚴地指控：「你的垃圾倒錯人了。」接著，在夢想的場景中，他們不放過傷害他們的人。更棒的是，他們用慢動作播放這一幕，享受報復的樂趣。這一幕的最後，是他們趾高氣昂地走向遠處，背景音樂響起勝利的樂聲。爲什麼？因爲他們是在執行「正義」。

報復有害健康

偏偏現實世界並不是電影。正向心理學的共同創立人塞利格曼在《眞實的快樂》一書中，談到報復心態隱藏的危機：

> 滿腦子想著自己被侵犯、想要報復發洩，只會讓自己越來越氣，也會提高罹患心臟疾病的機率……研究證明，時常發飆是A型心臟病的眞正禍因……講話比較衝、不耐煩等候、動不動就發脾氣的男人，心臟病發作的風險特別高。

「反芻」害人害己

心理學家賈洛威斯基（Tara Galovski）和布蘭佳（Edward Blanchard）曾經共同發表一篇論文，談到一種特別危險和常見的報復形式：馬路暴怒（road rage）。兩位學者指出，當壓力上升，會使得道路上的致命事故增加：「研究指出，正承受重大生活壓力源的駕駛人，造成致命車禍的可能性，會提高五倍。」

你只要開車上路一個星期，看看駕駛人如何「教訓」其他用路人，就知道學者在說什麼了。有些人不肯放過違規超車的人，而且似乎常在留意有沒有這種人。他們覺得有必要讓所有的犯錯駕駛，爲每一次的違規行爲負起責任——不管多輕微。當有人來個危險動作，這些義憤填膺的駕駛人會猛按喇叭、緊咬前車尾巴不放、大吼大叫、猛烈揮手，或者有樣學樣，超到前面阻擋對方。研究已經證實，這類行爲不只對健康有害，也會危及別人。他們一心一意只想報復，卻完全沒有想到這麼做，對身邊每一個人的潛在傷害也會跟著升高。

心理學家布希曼（Brad Bushman）、派德森（William Pedersen）、巴斯凱（Edwardo Varquoz）、米勒（Norman Miller）和波納奇（Angela Bonacci），對於我們生活中遭遇他人挑釁而「反芻」這段經驗造成的影響，進行了三項研究。布希曼和他的同事對於「轉向攻擊」的心理現象特別感興趣。

簡單的說，轉向攻擊就是把你遭遇的挫折，發洩在別人身上；你讓生活中一件負向事件困擾著你，等到稍微受到刺激，便小題大作，一股腦兒發洩到別人身上。這幾位學者在題爲〈反覆咀嚼會把你嚼碎：反芻引發轉向攻擊的影響〉的一篇論文中，談到他們的研究結果：

輕微的觸發事件發生之後，被激怒而不斷反芻的受試者，比沒有反芻的人，展現更強的轉向攻擊行爲。反芻會使人的內心維持在攻擊狀態，以至於轉向攻擊行爲一旦觸發，就會變本加厲。言詞侮辱之類的挑釁行爲，會提高負向情緒……如果能夠設法排遣挑釁引發的負向情緒，那麼其後發生的輕微惱人事件，受試者就會視爲微不足道而一笑置之。

＊　＊　＊

反芻無濟於事，到頭來只會帶給我們更多痛苦。

當初觸怒我們的事情，如果過度注意它，並在生活中誇大它的重要性，便會一而再、再而三地感受到它帶給我們的不悅。時時反芻那件冒犯你的事情，而且懷有想要報復的渴望，只會讓我們持續感到挫折、憤怒和失望。布希曼和他的同事做出結論：

遭到挑釁之後，一個人如何重新集中注意力，會影響他們如何對待別人。如果一個人選擇將注意力放在壞心情和引發壞心情的挑釁行爲上，就可能不公平地遷怒於無辜的第三者。相反的，如果他們讓壞心情就此離開，把心思放在別的事情上面，就比較不會去遷怒別人。

當你把生活重心放在報復上面，而且心裡老是在反芻每一件芝麻綠豆大的不爽小事，你便會危害到他人的健康、安全和快樂——當然還有你自己的。

如果你不讓垃圾車開走，到頭來就會害人害己。

向垃圾車說不

有些人總是想要以牙還牙。有些人喜歡想像報復的快感。

你呢？垃圾車是怎麼偷走你的快樂和成功的機會？

現在，對自己許下承諾：以寬恕取代報復。

經過這一番心態調適後，你對自己和身邊人的感覺有不同？

10 即時原諒

原諒不是偶然的行為：那是一種態度。

——美國民權運動領袖金恩（Martin Luther King, Jr., 1929–68）

這一天，我起了個大早，就爲了趕搭上午七點整的飛機。前一晚熬夜，準備隔天一連串的會議，眞是把我累壞了。

那時我在雅虎工作。我們剛買下另一家公司，我準備飛到聖地牙哥，評估它的營運狀況。我心浮氣躁，因爲我知道裁員勢在必行。

我趕到機場和兩個同事會合，各買了一杯咖啡。登機後，我先放下咖啡，再將公事包塞進頭頂的置物箱。

飛行途中有點顛簸，但是沒有什麼不尋常，大部分時間，我和同事都在檢討當天的計畫。飛機滑向空橋，旅客紛紛佔好位置準備下機，就像每一班飛機都會看到的情形那樣。這時，有個人開始大喊大叫。「誰幹的好事?!到底是哪個×××幹的?!」我回過頭，見到一個大塊頭男人站在走道上。其他人紛紛走避。

他氣急敗壞地破口大罵，「哪個×××把咖啡灑得我整件外套都是?」突然間，一股電流竄過我全身。我慌亂地四處張望。我的咖啡呢?找不到。我看看後頭。那個傢伙仍在大聲吼叫，手裡拿著外套和一個空杯子。就在這時，我知道那是我的咖啡杯。當我把公事包放到頭頂的置物箱時，一定是把咖啡隨手一擱，忘了拿下來。接著，咖啡在飛行途中傾倒，潑灑到那個人的外套。我又羞又窘，雖然很害怕，卻知道必須坦白認錯。

「先生，對不起，」我站了起來。「我剛剛才想起來那杯咖啡是我的。」我頓了頓。「非常對不起。」

那個人滿臉脹紅，朝我逼近，一副要揍人的模樣。「你眞@!©#是個白癡!」

他大吼，手上仍然拎著外套，那件深藍色西裝外套被潑濕了。

我連忙說道：「我來付乾洗的錢。等一下我就去問看看，能不能立刻在機場或附近把它洗乾淨。」我伸手掏出皮夾，又補了一句：「多少錢都沒關係。如果需要的話，我賠你一件新外套。都是我的錯。」

但是那個人什麼都聽不進去。我必須接受懲罰。其他乘客陸續下機。看得出來，他們因爲能夠離開這個盛怒中的男人而鬆了一口氣——而且很慶幸他們不是我。

「給我你的名片！」他要求。

「沒問題，」我從皮夾抽出一張名片遞給他。

「我要跟你的執行長舉報你，還要向你們公司的董事會舉報你。等著瞧。」

他一把推開我，又罵了一句三字經，然後才走出飛機。

且讓我把整件事的是非曲直講清楚。我確實有錯。那個人有理由大發雷霆。他很可能正準備去開會，想不到西裝外套卻被弄髒了。我是他生活中的一輛垃圾車。我犯了錯，心裡很歉疚，可是我也提出辦法，努力彌補錯誤，我這麼做是對的。另一方面，他的反應不是我所能掌握的，那是他的決定。

另一個故事

有一天，我開車上亞特蘭大八十五號公路，正要去上班。車速很慢，但我不急。這是美好的一天，我享受著開新車的樂趣。

說時遲哪時快，我發現有一隻動物（看起來像是浣熊）躺在我左前方的車道上。隔壁線道上的駕駛人正看著遠方，就快要輾過那隻動物了。我擔心他的車子可能在最後一刻爲了閃避而偏離車道，所以趕緊踩下油門，讓兩車之間拉開更大的空間。

問題來了。所有的車子正好都在同一時間停了下來，前面一排車子擋著我。我猛踩煞車，車子向右打滑，撞上另一輛車子的車尾。

情況越演越烈。兩車的撞擊導致前車撞上更前面的一輛。慘了！

三輛車子開到路邊，駕駛們紛紛下車。我馬上查看前車的駕駛。她還好。由於車速慢了下來，我們開得都不是很快。我們檢查了她的車子，發現保險桿上有一道小刮傷。另一輛車的駕駛也過來了。他人也沒事，車子的保險桿只有很輕微的一小道刮痕。他自我介紹是個警官，但目前並非執勤時間——大大不妙。他問我到底怎麼回事，我解釋了剛剛我做的事，並且對他說，錯在我身上。

警官點了點頭，轉向那名女駕駛。

「你也有錯，你開得太近了。」

然後警官笑了起來，搖搖頭，看著我們兩人。「我們人都好好的，」他說。「就當作沒這回事吧。」接著他拍拍我的背說：「下次多小心一點。」再對那位女士說：「下次不要跟那麼緊嘍。」

警官離開後，我看看那位女駕駛，她鬆了一口氣。

「耶，」我說。「眞酷的一個人。」

「沒錯，」她說。

「你也是。謝謝了，」我說。「我眞的很抱歉。」

「沒關係，」她說。「小心一點。」

接著她也上車離去了。

選擇你的反應

第二個故事中，我的運氣很好。那位女士和警官本來可以有很不一樣的反應。不管我的藉口是什麼，我還是造成了小車禍——我成了他們兩人生活中的一輛垃圾車。他們的確有理由發脾氣，也有權利抨擊我，但他們沒有那麼做。他們選擇原諒我，而且在他們離開的那一刻，氣氛比剛下車的時候還要好。

這兩次，我都犯了錯。雖然此後我不曾撞過另一輛車，或者把咖啡灑在別人的外套上，但我還是常有小錯。每一次我犯了錯，對方還是會有所反應。至於他們要如何反應，則是他們的選擇。

我也曾經是別人犯錯時受害的一方。大部分的情況，錯誤都不是我能控制的。我只能控制自己的反應。我要如何反應？我打算怎麼處理眼前的情況？我該如何離開那段經驗？我想嚴厲批評對方，要他們付出代價，或者願意表示諒解，放過他們？

＊＊＊

你這輩子曾有多少次，覺得受到不公平的批判？你做了錯事，但你受到的責備過度嚴厲。你犯的錯，害你從此被貼上標籤。人們認爲你冷漠無情、不關懷別人、刻薄殘酷。雖然你後悔所做的事，卻因爲批評的人說得太過分了，而覺得受辱。你的一番好意、善良本性，以及平常的好表現，都被一筆勾銷。

當其他人不願放過你犯的小錯，而且嚴厲地指責你，你當然會覺得受到傷害，好像你罪大惡極、不可饒恕似的。

即時原諒

當我們因爲別人一時的過錯而嚴厲地責備他們，所表現出來的，就不是我所說的「即時原諒」、輕輕放過，而是在別人身上倒垃圾。

任教於史丹福大學的心理學家魯斯金（Fred Luskin）在《爲愛而寬恕》一書中，談到原諒的力量。魯斯金發現，學會寬容，生活會更快樂和健康：

㈠寬容的人身體比較健康。㈡常怪罪別人的人，罹患心血管疾病和癌症的風險比較高。㈢懷恨在心，不願原諒的人，血壓、肌肉張力和免疫反應會有負向的變化。㈣光是有原諒的念頭，心血管、肌肉和神經系統便會立即改善。㈤學會原諒的人承受的壓力較小，身體呈現的壓力症狀也比較少。

每一天，我們都可以選擇回應別人的方式。當某個人真心誠意道歉、表現悔恨之意，而且想要有所補償時，我們便有機會展現寬容。我們可能仍要他們負起責任，付出賠償，但我們願意原諒他們。

心理學家艾渥辛頓（Everett Worthington）是寬恕研究領域的另一位佼佼者，在他的著作《寬恕與和解》中，談到我們有必要多多練習「寬恕」這項技能。

柳博米爾斯基在她的著作《幸福多了40％》中建議：「被人原諒時要心懷感謝。在你學會原諒別人之前，先練習感謝你曾被原諒的一件事。」

生活並不是一連串不相干的事件——它是不斷流動的。你和別人的一段互動如何結束，將影響你如何回應下一個人。你如何對待一個人，會影響下一個人，而那個人會把能量繼續傳遞給他遇到的人。當你原諒別人犯下的錯誤，就會啓動一波好的循環；當你用言語和行爲懲罰他們，便會啓動一波不良的循環。

哈佛大學心理學者威廉特（George Vaillant）在他的著作《精神的進化》中提出結論：「原諒別人，就像是卸下心中一塊大石或解決棘手難題。想要報復的念頭，一下子轉換成愉悅的心境。」

在日常生活中，你的反應可以像那位不當班的警官和車子保險桿被刮傷的女士，或者像是外套被咖啡潑濕的上班族。

你得做出選擇。你會即時原諒？還是氣憤難消，用嚴厲的語氣責備別人？

一切全看你了。

＊　＊　＊

我在一家咖啡館進行這本書的編輯工作時，有個男士起身，不愼打翻桌上的一大杯咖啡，弄髒了地板。咖啡還濺到隔壁桌一位上班族的長褲和公事包。

那個上班族嚇了一大跳，趕緊站了起來。他的褲管濕了，公事包也滴著咖啡。

打翻咖啡的那人連忙道歉，滿臉通紅。

那位上班族卻笑著說：「至少我喜歡咖啡的味道！」

兩個人都笑了。

然後他們各自拿起餐巾紙，開始東擦西抹。

向垃圾車說不

想想最近幾個月，你是不是曾經表現得像垃圾車，太過嚴厲地責備某個人？你如何把他們的錯誤，誇大成難以容忍的冒犯？想想你在那些事件中所抱持的態度。

回頭思考，如果你選擇原諒對方，是不是能更快離開不愉快的感受？

11 沒有人想幫垃圾車的忙

君子……正己而不求於人，則無怨。上不怨天，下不尤人。
——春秋戰國時代思想家子思（483–402 B.C.）

一九九八年，雅虎雇用我擔任首任顧客關懷部主任時，我是編號第四百五十的員工。「你雅虎了嗎!?」是當時喊得震天價響的口號，只有拉長尾音呼喊的「Yahoo-oo!」能和它相提並論。這家公司成長速度十分驚人，每天都會新增幾千個顧客。我剛進公司時，雅虎大約有四千萬名使用者，五年後我離開時，已經超過兩億。雅虎是個很不錯的工作環境，我十分清楚，也非常感激。當然，我們所面對的挑戰也很大：如何妥善照應這麼多顧客？

高速運轉

雅虎每個星期都推出新的產品、服務和功能，可是客服部門的員工不多，而且幾乎找不到顧客支援的基礎設施。我們在很短的時間內，有很多事要做。問題是該從什麼地方著手。

那時候，我們沒有來電轉接系統，也缺乏可靠的系統去傳送、追蹤和回覆電子郵件。事實上，當時還沒有人推出可靠的商業電子郵件系統，好因應我們所服務的數百萬顧客的查詢需求。雅虎那時還在往外收購更多的公司，而這需要我們支援新的服務、開發新的顧客，以及整合新進員工。如果我們要滿足顧客的需求，就必須積極招募新血，但是當時網路經濟才開始起飛，能夠倚重的人才有限。不僅如此，爲了滿足華爾街越來越高的期望，雅虎必須竭力壓低成本，因此預算相當吃緊。

事實上，肩扛重擔的不只是顧客關懷部；雅虎內部所有的單位都在高速運轉。每個人都成了拚命三郎。員工停車場停滿了直到深夜還沒離開的車子，熬夜加班是司空見慣的事。

雅虎賦予員工的使命，說起來很令人嚮往——要成爲「什麼都找得到、什麼都買得到，以及什麼人都聯絡得到」的第一指標網站。我們的辛勞獲得很大的報酬，而且有幸和網際網路、媒體產業一些最優秀的人才共事。雅虎是很棒的工作場所，我們樂在其中，但是時間似乎永遠不夠用。我們總是在滅火、趕進度、規劃成長。我們所做的不少事情，幾乎都是毫無前例可循。

吸引別人來幫忙

上任後頭幾個星期，我就已經清楚知道，我們這個部門很需要公司其他單位的大力協助。即使我賣命撰寫上呈報告、發電子郵件，以及找工程師、生產人員、律師、行銷人員協助，也很明顯無法滿足我們需要的支援。如果我們想要這些部門提供協助，就必須被他們視爲所屬團隊的延伸，才更有力量影響服務的優先順序。而要辦到這件事，我們得克服兩個問題。

第一，我們不能只是一味的要求人家提供支援；我們必須吸引他們來支援才行。

不管我們服務顧客的使命有多重大，在我們呈報某個問題時，都無法期望工程師、生產人員、行銷人員和律師，每一次都停下手邊的一切工作。曾經在工作負荷過重的小型組織服務過的人都知道，優先要務總是相互衝突。花一個小時處理某位顧客的問題，就等於失去一個小時用於開發新的功能，幫助數以千計的顧客。而就雅虎來說，要幫助的顧客可能多達數百萬。

此外，企業往往不重視客服部門，員工對這個部門也不帶勁，大部分的人都想直接進入行銷、工程和研發單位，頂多把客服部門看成跳板，而不是適合久待的地方。我們必須改變這種看法。我們要招募一流的人才，來支援多樣性的產品，而且必須留住他們，好建立起一個能夠隨同雅虎壯大、迅速成長的組織。

我也知道，接下顧客遭遇的挫折——有時是相當嚴重的挫折——然後傾倒在和我們共事的每一個人身上，對誰都沒有幫助。我們不可以當垃圾車。我們不希望有人因爲我們是報憂不報喜的烏鴉，而對我們避之唯恐不及。況且他們本身的壓力已經夠大了。我們需要帶來讓人喘一口氣的消息。

我們必須更爲正面、更爲歡樂和更爲有趣。我們得展現對工作的熱情，並且時時感謝其他人的支援。我們要把正向的能量投射給加入我們陣營的新進人員，讓他們覺得自己是這個大家庭的一員，並且受到重視。我們的首要任務，是持續專注於把顧客關懷部經營成一個很棒的工作環境，不去管那些無法控制的事情。我們要以「向垃圾車說不！」的心態，請求別人協助。

北卡羅萊納大學心理學家佛瑞德里克森（Barbara Fredrickson）研究證實，正向情緒對成功的商業關係有很大助益。佛瑞德里克森在她的著作《正向人生》提到：

你的正向性會帶給身邊的人能量，這會使你特別吸引人。此外，正向性具有感染力。當你分享自己的歡樂，就會點燃別人的歡樂，形成持久的社交聯結。你越是推心置腹，和別人分享發自內心的正向性，你和別人的關係便越牢固。

五個F

我們的計畫有兩項關鍵，一是在雅虎得到其他部門的注意和正視，二是在本部門雇用和留住優秀員工。我們必須設法兩者兼顧。所以我們一開始的做法，是專注於自身的價值。如果我們十分清楚自己的定位，那麼和人員招募、訓練、技術、服務計畫有關的所有決策，就會比較容易達成。我們的策略和戰術，都是圍繞著我們致力打造的組織類型。

我們希望受到重視，所以將重心放在提升自己的價值；我們希望受到賞識，所以將焦點放在讓人覺得值得感激。於是我們推動「顧客關懷部五F」：我們待人親切（Friendly）、迅速回應（Fast）、專心做事（Focused）、加油打氣（Fired-Up）、開心有趣（Fun）！

我們的五F訊息，意義始終如一：㈠我們對顧客、對彼此、對雅虎的其他每一個同事都很親切。人們會想和我們共事；㈡我們迅速回應顧客或內部的問題。我們的團隊既快又好，有求必應；㈢我們專心把優先要務做好，並且努力解決顧客的問題；㈣

每天我們彼此加油打氣，活力十足地展現最好的一面。如果有需要，我們願意延長工作時數；㈤我們是開心有趣的人！人們會喜歡和我們共事，因爲我們把工作環境變得愉快好玩。

我們還額外加送一個F，那就是保持彈性（Flexible）。我們讓每個人都知道我們保持彈性，能夠積極回應雅虎需要我們做的任何事情。若有機會支援新產品和服務，我們也相當歡迎。不管如何，我們致力於把自己打造成「向垃圾車說不！」的顧客關懷團隊。

美敦力公司的前執行長喬治（Bill George）談到讓員工清楚了解組織的價值的重要性。他在《眞誠領導》一書中寫道：「一有適當機會就要把組織的價值拿出來討論、不斷強化，並且始終如一地反映在所有管理階層的行動上。」

顧客關懷部招募的每一個人都要學習五F。每次我們訪視顧客服務的營運活動，以及在雅虎的新進人員訓練課程上講話，都會再複習一遍。

我們的五F引導著我們的心態和行動。當然有許多時候，我們並沒有達成自身的期望，但因爲我們專注於五F的價值，所以我們的退步不會持續太久。

經過五F價值的洗禮，好消息是，我們的顧客關懷代表表現出色，被視爲重要的內部夥伴，其他單位也樂於和他們共事。我們並沒有邊緣化——我們是雅虎團隊的策略性夥伴。事實上，我們團隊的同仁受邀參與雅虎的產品開發流程。我們的代表發表內部簡報，談他們對顧客提供的各種服務。他們給高階主管來一趟「三小時顧客關懷之旅」，以及對支援我們的工程師、行銷人員、生產人員和律師提供「四十四分鐘顧客關懷之旅」。

有相當長一段時間，顧客關懷部留住了幾乎所有的員工，而且幾乎所有的人都擢升到責任更重的職位——我們招募進來的員工，超過四十位升遷到其他部門。

總之，我們需要別人幫忙，也開口要求，最後別人願意伸出援手——那是因爲我們盡了最大的力量，不當垃圾車。

向垃圾車說不

你是否曾經要求別人幫忙，對方卻毫無回應？

現在，想想你要求別人幫忙的方式。你的行為舉止是不是有可能像垃圾車，而自己卻不自知？

務必記住，單單因為你「需要」幫忙，不表示你一定會得到別人幫忙。你必須吸引別人來支援你。

想出一兩種更好的請求幫忙的方式，並觀察這麼做是否會讓你更順利得到幫助。

12 不要輕易把別人當成垃圾車

我們必須對他人懷著敬畏之心，設法跳脫自己的既定印象。

——美國作家、普立茲獎得主華克（Alice Walker, 1944–）

一九八七年，我在一家小型創投公司實習時，曾經到西柏林一趟。那時柏林圍牆還在。我們的辦公室位於西柏林市外緣，一條叫做弗里德里希的老街上。西柏林給人的印象，就像東德境內一座銅牆鐵壁的堡壘。辦公室很容易找到，因爲它靠近地下鐵的終點站，而且從窗邊就看得到柏林圍牆。

在西柏林出差那段時間，我每天都置身在東德人之間——他們罵我們是「西方來的敵人」。東德由前蘇聯領導，是東歐共產國家集團的一員，大部分西方人都避之唯恐不及。他們認爲共產黨很危險。簡單的說，西方人把東德看成「永遠的垃圾車」。

東柏林

我待在西柏林的日子快接近尾聲時，心下暗自決定應該到東柏林走一遭，看看圍牆的另一邊，見識一般的東德人。

那時可以申請一日簽證，到東柏林一遊。過夜則絕對禁止，同事也警告我不要違反蘇聯集團國家的法律。

我取得簽證後，跨過邊境到了東柏林。我隨意閒逛，不時停下來問路。我運氣很不錯，遇到一個名叫史帝芬的年輕東德人。更教我驚喜的是，他自願陪我在東柏林四處走走。他看起來不像冷戰諜片電影上的那種特務，所以我說：「好啊，非常謝謝你。」我們便一同上路。

到了下半天，逛過公共廣場和一些店家之後，史帝芬帶我到酒吧品嘗東德啤酒——當然是政府製造的。

我口袋裡還有不少現金——通過邊境的時候，最多只能兌換三十美元的東德馬克，出境之前必須全部用完。兩杯啤酒下肚後，我看看口袋裡的馬克，大聲宣布：「這一輪算我的！」整個酒吧歡聲雷動：「敬美國人！」

史帝芬幫忙我結帳之後，問我要不要到他的住處，和他以及未婚妻共進晚餐。我說好啊。我們跳上電車，在市區繞了半天，好不容易才到他家。

我看了一下街道名稱。眞不敢相信。它就叫做弗里德里希——和我每天上班工作的街是同一條。怎麼可能呢？

但是接著，我轉頭看向右邊，那裡就是柏林圍牆。我的辦公室就在另一頭。有個念頭一閃而過，那就是天氣好的時候——必須是非常好的天氣——我眞的可以從辦公室往史帝芬的家扔棒球。

我們三人吃了一頓很棒的晚餐，談到我們各自生活的兩個世界，例如年輕人做些什麼，想些什麼。我們也辯論誰是對的——東德人和蘇俄人，還是美國人和西方人。我們對很多事情的看法都不同，這沒什麼好奇怪的，但是談到生活，兩邊的差異並沒有想像中那麼大。

那天晚上，我長了知識，也十分愉快，卻因爲史帝芬的一句話而必須匆匆結束。他說：「走吧！你得在四十五分內回到另一邊去。」倒數十分鐘時，我回到西柏林。

看不見的牆

史帝芬的世界和我的世界只隔幾條街。每天早上，他和我都走在相同的街道上。儘管如此，我們倆卻被嚴密保護、防守得滴水不漏的圍牆給隔開。

我學到了一些事情。第一，我不可以再不分青紅皀白地把所有的東德人都稱作「敵人」。第二，柏林圍牆不是我生活中唯一的一道牆；我還有其他的牆。事實上，其中一些牆——把我和其他人隔開的牆——是我自己蓋的。當然了，這些圍牆並沒有像柏林圍牆那麼驚悚，但它們確實存在。

柏林圍牆提醒我不要先入爲主。沒有哪個國家的人完全都是垃圾車。

要橋不要牆

心理學家波斯特（Stephen Post）和奈馬克（Jill Neimark）在他們合著的《好人肯定有好報》一書中，談到如何拆除人與人之間的隱形牆。兩位作者建議用五種方式來增進對他人的尊重和包容：

一、藉由旅行培養寬容之心。其他國家、你所住城市的其他角落，或是你所處環境的其他文化區域，都是旅行的好選擇。讓自己沉浸在那個文化的氛圍之中，從美食、時尚到政治環境，都值得觀察、體驗。

二、尋求多元，增進寬容。結交不同國籍的朋友，分享彼此不同的生活經驗。

三、了解其他文化，練習寬容。觀賞外國電影，以及其他文化區域的紀錄片。學習新的語言。參加令你感到新奇的宗教或文化儀式。

四、規畫一個社群專案，邀約宗教、文化或者風格與你大不相同的人，共同建立或者修補某些東西。

五、幫助不同生活圈子的人。每個月花幾個小時當義工，幫助身心障礙的人。敞開你的心胸，貼近他們的人性，而不把他們的殘疾放在心上。

到東柏林一遊回來以後，我問自己，我生活中的圍牆在哪裡？爲什麼它們會存在？它們如何限制住我的生活？它們如何阻礙我去做最想做的事？我是不是在深入認識一個人之前，就把垃圾車的標籤貼到對方身上了？我是不是曾經把一整個群體的人全都貼上垃圾車的標籤？

你呢？

向垃圾車說不

想想身旁有哪些人，你不是真的了解他們，卻斷定他們是永遠的垃圾車。你可能聽過別人怎麼說他們，或者你可能只是因為單一事件，便斷定他們是那樣的人。

你身旁有哪些人值得你進一步了解？選出兩個人，多了解他們一點，然後寫下你的新發現。

13 別釣人上鉤

人特別容易注意到那些他們所嘲弄的事情，而且津津樂道。
——羅馬詩人賀瑞斯（Horace, 65–8 B.C.）

我們很容易被人釣上鉤，成爲一輛垃圾車。

有些人不斷在抱怨和批評，而不管有意或無意，他們都希望我們加入他們的負向旅程。原來，問題出在我們都太容易上鉤了。以下的例子並不特別，每天都可能聽到這樣的談話。你可以看出我想誘人上鉤。

＊＊＊

我在威斯康辛州的密爾瓦基成長，當時那裡最大的電器商叫「美國電視」。這家公司的老闆在威斯康辛州很出名，大家叫他「瘋狂電視連尼」，他老是在廣告中高聲大喊：「買洗衣機送腳踏車！買電視送腳踏車！」

有一次我忍不住對父親說：「這傢伙瘋了，老在鬼吼鬼叫！」父親回答：「大衛，他很會做生意。」

父親說得對。他看到這家公司的業績快速成長，而連尼不是只會大吼大叫而已。「瘋狂電視連尼」想辦法吸引人們走進他的店面。到後來，連尼在中西部開了十五家電器連鎖賣場。

＊＊＊

我認識齊托（Bill Zito），是在我們兩人負笈到耶魯大學之前的那個暑假。齊托現在是運動經紀人，旗下有六十名職業運動員。有一天，我們在球場看釀酒人隊打棒球。我向他打聽球員的事。齊托認識他們，因爲他是釀酒人隊正式雇用的打雜小弟。

我問：「庫柏（Cecil Cooper）怎麼樣？」

比爾回答：「很棒的傢伙。」

「莫利托（Paul Molitor）呢？」

「很棒的傢伙。」

「楊特（Robin Yount）呢？」

「超棒的傢伙。」

我陸續問起整支球隊中約一半的球員，兩個人的對話一直是這樣。我很驚訝，因爲每個人都是「很棒的」傢伙。我們在新聞中都聽過那些職業球員的事；我想，至少有些人沒那麼好吧？但在比爾眼裡，我問到的每個人，都是很棒的或者超棒的傢伙。我不知道他心裡有沒有任何不好的評語。我只知道他熱愛棒球，也熱愛釀酒人隊。

比爾看到球員好的一面，讓他受益良多。

我學到的一課

我記得這些故事，因爲它們已經交織到一個寶貴的教訓之中，二十年來始終沒忘記：父親和比爾本來可以很容易就上鉤，加入我的行列，成爲垃圾車。他們本來可以附和我那毫無意義的批評。或者，就比爾來說，他可以被我引導，發現某個人並不是「很棒的傢伙」。但他們不爲所動，繼續注意有意義的事物，不讓我把他們的注意力轉移到負向的一面。

每一天，你也可以做相同的選擇，不會只因爲某人起個頭，就落入缺乏建設性、言不及義的談話中。你可以優雅地把話題轉向更有意義的事物。換句話說，你不必跟在別人後面開垃圾車。

上不上鉤是你的選擇

開口說話以前，你可以多想一下。在你開始抱怨或批評以前，問一下自己：「這對任何人有幫助嗎？說出來有什麼好處？可以改善目前的狀況嗎？會讓我們感覺舒服一點嗎？可以強化我們的關係嗎？」下次，當你一注意到自己在抱怨或者批評，問問自己：「我眞的知道什麼嗎？我發表的評論和所做的判斷，有助於我了解爲什麼某個人表現那麼出色、爲什麼一家企業會成長，或者某個產品賣得特別好的原因嗎？」

你很可能會發現，批評他人，很少能讓你有什麼收穫。而且，毫無來由地抱怨，只會使人們關上好奇和創意之門。如果你想改善自己的生活，那就要抗拒上鉤，免得成爲垃圾車。而如果你眞心誠意希望世界更美好，也不要當個始作俑者。

向垃圾車說不

想想你平常一天是怎麼過的，通常和別人聊些什麼，包括閒話家常。這個星期特別注意一下，你在言談之間是不是有可能誘人上鉤，跟著你成為垃圾車。

此外，留意別人是否有意或無意在釣你上鉤，跟著他們成為垃圾車。一注意到自己和別人正在互相引誘對方上鉤，務必巧妙地轉移話題。

有些人似乎大部分時候都是垃圾車，其中一些人和我們密切相關。
他們和我們生活在一起，工作在一起；
他們是我們的顧客，我們的上司和鄰居，甚至是我們的親朋好友。
所以，我們必須設法和他們溝通。
我們得幫助這些對我們很重要的人，
將他們最美好的一面表現得更好，遠離垃圾車生活。

第四個承諾

幫助身旁的垃圾車

幫助別人停止倒垃圾

14 垃圾車溝通準則

感受得到美的人，喜愛所有的美，因為感受到美，本身就是一種愉悅。
——伊斯蘭經學大師哈彌德噶札里（Abu Hamid al-Ghazālī, 1058–1111）

雖然大部分的垃圾車在我們的生活中來來去去，有些人卻必須和它們一起工作，甚至一起生活。當你每天必須面對的人——像是父母、配偶、親人、工作夥伴、室友、主管、顧客、同事——表現得像垃圾車，單單「微笑、揮手、祝福」是不夠的。你也許感到進退兩難，不知如何是好。這正是我寫下本章的用意所在——最重要的人際關係必須特別花心思去妥善處理。

垃圾車溝通準則

行爲像垃圾車的人，任憑自己的怒氣、挫折、不安、失望，淹沒身邊一切美好的事物。

幸好，大部分人不是時時刻刻都像垃圾車。他們也會有某些時候不當垃圾車——即使只是曇花一現。他們會做些好事，說些好話，關懷別人，或者偶爾伸出援手。你必須善用這種時候，讚賞他們最好的一面。讓他們知道你看到他們的好。告訴他們，你有多在意他們，以及他們對你有多大的意義。

當你尋找別人的好，只看他們的好，你會幫助他們看到生活當中各種轉圜的餘地。你給了他們能量去做對的事。你的愛和關注，很可能促使他們產生改變。

捕捉別人表現最好的當下

人難免會在某些時候收垃圾和倒垃圾。問題是有些人人部分時候都是垃圾車，很難看到他們的另一面。他們不好相處，不討人喜歡，讓人很難去愛。他們的負面態度和行爲，很容易令我們想拒他們於門外。但如果這些人和我們同在一個屋簷下，那請務必記住：大部分人都能找到好的一面。我們只需要找出他們的優點，然後給予讚美。曼德拉被關在南非最有名的監獄羅本島時，發現了這件事。他在自傳《漫漫自由路》中談到他的發現：

巴登霍斯特可能是羅本島上最無情、最蠻橫的典獄長。但是那一天他卻展現了另一面，這一面過去一直被掩蓋，卻依然存在。這提醒了我們：所有的人，即使表面看起來冷酷無情至極，骨子裡仍是善良的。一旦觸動他們的心，他們是可以改變的。

我們沒有機會和所有行爲像垃圾車的人來往；而這些人在我們的生命中，也大都來去匆匆。我們只好相信，某一天，在某個地方，會有某個人幫助這些人。這就是爲什麼我們和他們擦肩而過時，總是祝福他們。

至於每天和我們一起生活、一起工作的人，我們必須努力讓他們最好的一面表現出來。即使他們的行爲老是像垃圾車，我們也必須設法捕捉那些吉光片羽；因爲只有在那一剎那，我們才有大好良機，能和他們有效地溝通，而且產生深遠的影響。

向垃圾車說不

第一部分：你認識哪個人幾乎成天都像垃圾車？即使這種人老是在倒垃圾，你看得到他們的一兩項優點嗎？

按照上述「垃圾車溝通準則」去做，設想你們之間的關係會因此而如何改善。

第二部分：想想看你目前的生活中有哪些人像是垃圾車。考慮到你在這些關係中扮演的角色，理想的做法是什麼？你如何達到那種理想？你還有什麼不足之處？

現在，玩玩「你先變」遊戲。寫下你可以改變自己的兩種方式，以改善你和剛剛提到的那些人之間的關係。

在刮別人的鬍子之前，必須先把自己的刮乾淨。

15 和垃圾車談一談

我不喜歡那個人，所以必須多認識他一點。
——林肯

我念大學時，曾在暑假到寶僑的紙品事業部實習，工作內容是確保責任區的銷售點都已確實鋪貨，像是紙巾、衛生紙、尿布等。

每個星期，我都得想辦法衝業績。有時我會請超市給我們更多的陳列空間，有時請店家做促銷活動，在賣場走道大量展示產品。

這些店家會不會買我的帳，關鍵在於我能不能和店長打好關係。我提出的促銷方案和訂單，都需要店長批准。雖然暑期實習生要做的事不只這些，但我對所負責的店家，服務做得很好。我和所有的店長關係都不錯，只有一家除外。

第十個店長

在我的責任區，第十家店的店長偏偏不理我。其實，應該說他很想對我眼不見爲淨。比方說，我第一次單槍匹馬到他那家店（我的指導員一個星期前曾經向他大略提過我），他一見我上門，轉身回頭就走。我聽到他對助理店長說：「告訴那個小子，我整個星期都在開會。」另一天，我迎面走向他，正要開口，他竟從我身邊走過，當我是空氣。連續幾個星期，他都是老樣子。

每一次我到那家店，都暗暗希望不要碰到他。但我的責任是找每一家商店的店長談談，因此，放棄不在我的選項之內。我知道，如果沒辦法改善和這位店長的關係，就別想把工作做好。

一個星期過後，我回到那家商店。和往常一樣，一想到必須找他講話，我就心煩意亂。但我還是做該做的事，開始找他。

那個星期，我們正在辦紙巾促銷活動。我的工作是說服他多鋪一點貨，因爲我們的報紙廣告預料將創造很大的需求。我沿著一條又一條的走道找他，然後轉進紙製品區（我的責任區），看到他正背對著我，和一位顧客講話。我停在走道的盡頭，等他講完話。

等候和觀察

等候店長的時候，我看到他對顧客相當親切——那是我不曾見過的一面。在那一刻之前，我只知道他是垃圾車。現在，這位店長卻肯花時間，耐心向顧客介紹我們的一種產品。顯然他樂於協助他人，而且喜歡我們的商品。

顧客把商品放進手推車，向他道謝後繼續購物。而我已經知道該怎麼做了。正當他轉過身來，我就站在他面前。

我馬上開口：「剛剛看到您和客人講話，看得出您很用心經營這家店，很願意協助客人。可是，您卻覺得我打擾您，把我當成一個浪費您時間的工讀生。我可以向您保證：我會盡全力幫您的忙，把顧客服務得更好。我可以幫忙開箱、上架、陳列。給我一個機會，讓我證明給您看。」

在我一口氣講完這番話時，店長並沒有掉頭就走，而是等著我把話說完。他聽完之後說：「來這裡的大學生，大都沒把這家店放在心上，也沒把我放在眼裡。他們只是想在履歷表上多加一行、早點拿到打工酬勞、開學後回去念書。我聽到你說你和他們不一樣。很好。你現在把那箱紙巾拆開，在走道那一頭堆成一落。」

打好關係

當這位店長不再是垃圾車，能夠和他講話的機會來臨，我掌握住了。我按照「垃圾車溝通準則」去做。我告訴他，我欣賞他的作風，也承諾和他一起把事情做好。他看得出我的真誠和善意。

那一次的走道對談之後，我不用再煩惱第十家店長不理睬我：我們已經找到並肩共事的方法。事實上，後來他下的單，比我的責任區的大部分店長都還要多。

＊＊＊

我們都曾經和這種人共事或生活。我們十分清楚，改善和他們的關係有多難。但如果他們是我們生活中極爲重要的一部分，那我們非得試著改善現況不可。本書的第二十四、二十五和三十一章，都是爲了幫助你做好這件事，讓你在工作空間和家庭生活都能享有健康、富有建設性、彼此關懷的人際關係。你的生活，理該與人和諧相處，彼此支持與關愛。

向垃圾車說不

想想身旁有哪些同事、朋友或家人，大部分時候就像是充滿負面情緒的垃圾車。挑出其中兩個人，這個星期特別留意他們。

遵循「垃圾車溝通準則」，捕捉他們某些事情做得不錯的時刻。然後讓他們知道你的觀察、說明那件事情為什麼重要，以及你欣賞他們什麼地方。

你們之間的關係，很可能因此得到改善的機會。

垃圾車法則小測驗

垃圾車法則小測驗

你接收多少垃圾？倒出多少垃圾？

The Law of the Garbage Truck

我剛開始在全球各地的演講和研討會上談到垃圾車法則時，發現大部分人並不清楚自己在生活中接收了多少垃圾。爲了幫助他們自我評估，我提出一些問題：

不守規矩的用路人，會不會破壞你的心情？

服務態度不佳的侍者，是不是影響你用餐的胃口？

不好相處的主管，會不會毀了你一整天的工作情緒？

我問了這些問題之後，聽眾才開始明白他們在日常生活中收到多少垃圾，也明白自己其實可以少收一點垃圾、讓自己更快樂。

接著，我提出一連串問題，讓他們思考自己是否時常製造垃圾，往別人身上丟：

你在工作上「很不順心」，會把它帶回家嗎？

家裡發生不愉快的事，會把它帶到工作上嗎？

有人冒犯你，不管多麼輕微，你會想要報復嗎？

我問了這些問題之後，他們才發現，不見得都只是「別人」在倒垃圾。若我們不留意，也會四處丟垃圾。

後來，我把問題清單擴大，發展成兩個完整的小測驗，幾分鐘就能做完。

請拿起筆回答以下的測驗，馬上就會知道自己平時接收／散布多少垃圾，心裡也有了基準，知道要往哪個方向改善自己的生活，進而改善身邊所有人的生活。

小測驗A

你是收垃圾的人嗎？

讀過垃圾車法則的前四項承諾之後，現在正是培養更深層的自我意識的時機。你常收垃圾嗎？現在就來做第一個小測驗，看看你收了多少垃圾（Garbage Accepting Load; GAL）。

◎自我評估

下列每一項敘述對你來說，實際情況如何？以0～4的數字標示，請迅速且誠實作答。

4＝總是　3＝往往　2＝有時　1＝很少　0＝不曾

□ 亂開車的人令我火大。

□ 態度不佳的侍者，讓我胃口大壞。

□ 禮貌不佳的客服人員令我火冒三丈。

□ 店員一再糾纏，惹惱了我。

□ 主管與同事對我的付出毫不領情，令我挫折又困擾。

□ 別人不撐住開著的門，等我進去，或者不為我按住電梯門，讓我很不高興。

□ 我任由別人誘我上鉤，和他一起談我不敢興趣的話題。

□ 我會不時想起不愉快的回憶。

□ 別人給我批評意見時，會動搖我的信心。

□ 家人老愛問東問西，又不斷告訴我該怎麼做，快讓我抓狂了。

□ 走在路上被路人擦撞，或者在餐館有人碰撞我的椅子，或者下雨天有人磕碰我的傘，這些都讓我很不爽。

□ 有人在公共場所大聲講手機，真的叫我受不了。

□ 垃圾電子郵件和電話推銷快把我搞瘋了。

□我很在意別人怎麼批評我，卻很少注意他們的正面意見。
□我只注意壞消息，對好消息充耳不聞。
□我很在意別人怎麼看我。
□當我對別人打招呼，而他們並未回應時，我敢說他們鐵定對我有意見。
□別人搶停車位，或者搶占咖啡廳或餐廳座位，都會令我生氣。
□不管是在職場、家裡或者在陌生人之間，如果有人批評其他的人事物，我會不加評估，也不查證，就聽信他的說法。
□別人取笑我的時候，我會變臉。
□我很討厭那些強烈堅持己見的人。
□別人某些習慣性動作常常讓我不舒服。
□一想到未來，我滿腦子充斥的都是最悲慘的狀況。
□每天聽別人吐苦水，我就跟著心情低落。
□排隊等候讓我很不耐煩。

◎計算你的垃圾接收量

把上述二十五個問題的得分加起來，把總分寫在左邊的方格裡。

你的垃圾接收量總分：

← 現在，看看下面的說明，了解你在日常生活中收了多少垃圾。

看看你的分數落點在哪裡，了解你多常讓垃圾車輾過你、往你身上倒垃圾，或是你有辦法讓垃圾車遠離你。

說明

55~100分，你在日常生活中接收大量的垃圾。

幾乎每一天，你都會因為他人的負向行為而受挫，並且為了無法掌控的事情而困擾。你讓太多的垃圾車倒垃圾在你身上，自己也製造許多垃圾。

你有機會徹底改變生活。當你開始讓垃圾車遠離你，你會得到更多的快樂和心靈的平靜。

35~54分：你在日常生活中接收了不少垃圾。

仍然有太多的垃圾車輾過你，而且你會替自己製造垃圾。你經常分心，沒有去注意真正重要的事情。雖然你不至於被垃圾壓垮，但它還是影響你的生活。

只要讓更多的垃圾車開走，你就有機會增加快樂和成功的機會。

0~34分：你在生活中接收的垃圾很少。

恭喜你讓生活中的大部分垃圾車開走，而且自己沒有製造很多垃圾。

你能夠無拘無束，專注於最重要的事物。你把注意力集中在你真正關心的事物上面。

◎自我分析

要讓垃圾減量，關鍵在於讓無法控制的負向事物遠離你，這樣你才能專注於生活中眞正重要的事物。非必要的分心越少，你會越快樂、越能完成目標。

◎採取行動

當你把精力集中在有正面意義而能夠掌控的事情上面，就等於爲自己創造機會去好好享受生活。

回頭再看一次前面的小測驗。當你回答「總是」(4)、「往往」(3)或者「有時」(2)，就把整句話圈起來。

做完之後，看看你圈選的題目。現在你腦海裡有一幅畫面，告訴你有多少分心的事情吃掉你的注意力。

當你不斷圍著壞事轉圈圈，就很難看到生活中的好事。

◎擬定目標

現在，你的目標是讓更多的垃圾車離你而去，用更多的自由取代那些挫折圈圈。

我們回頭再看一次「垃圾車法則」的前兩項承諾：

一、讓身旁的垃圾車開走（不要收別人的垃圾）

二、讓你自己的垃圾車開走（別往自己身上倒垃圾）

溫習前面各章的內容，重點放在如何執行每一章最後「向垃圾車說不」的行動。最重要的是，走出去，運用你學到的東西。多加練習，你接收的垃圾就會越來越少。

此外，在你的行事曆上預定三到六個月後，再做一次這個小測驗。看看自己有沒有進步，然後重新自我承諾，把你的垃圾接收分數降得更低。

請記住，這本書是爲你寫的。請善加利用。

小測驗B

你是倒垃圾的人嗎？

現在正是進一步自省的好時機：你常常往別人身上倒垃圾嗎？現在就來做第二個小測驗，算算你倒了多少垃圾（Garbage Dumping Load; GDL）。

◎自我評估

下列每一項敘述對你來說，實際情況如何？以0～4的數字標示，請迅速且誠實作答。

4＝總是　3＝往往　2＝有時　1＝很少　0＝不曾

□朋友問：「最近怎麼樣？」我一出口就是抱怨連連。

□我常為自己的錯誤找藉口。

□我會把工作上的不愉快帶回家。

□別人問我問題時，我語帶保留，回答得很小心。

□我很容易發脾氣。

□生活中如果發生不愉快的事情，我會常常掛在嘴邊。

□當我和某個人的互動不愉快時，我遇到的下一個人就倒楣了。

□當我在工作上或者家裡遇到問題，同事都能感受得到。

□不管我怎麼遲到，其他人就是得等我。

□當別人發生壞事時，我會一五一十地詳細打聽。

□當別人發生好事時，我不感興趣。

□我很少道歉認錯。就算有，也是心不甘情不願。

□我常根據刻板印象判斷別人。

□我會在網路上發表惡意的言論，有時甚至匿名。

□ 趕時間的話，我會在車陣中蛇行，不管其他駕駛人的安全。

□ 別人亂開車時，我會猛按喇叭。

□ 對於與我來自不同種族、信仰、國籍、文化的人，我會講些刻薄的話。

□ 我會對人大吼大叫。

□ 我期望別人一而再、再而三地原諒我犯下的相同錯誤。

□ 我比較常八卦別人的壞消息，而不常散播好消息。

□ 我一再重提發生在自己或別人身上的負面故事。

□ 我常對其他人事物提出批評，卻很少表示欣賞。

□ 不管多小的冒犯，我都會睚眥必報。

□ 我講話喜歡挖苦別人。

□ 有人令我感到失望時，我會先在背後嚷嚷，之後才向他們直接反應。

◎計算你的垃圾傾倒量

把以上二十五個問題的分數加起來，總分寫在左邊的格子裡。

你的垃圾傾倒量總分：

← 現在，看看下面的說明，了解你在日常生活中倒了多少垃圾。

看看你的分數落點在哪裡，了解你往別人身上倒了多少垃圾。

說明

55~100分，你往別人身上倒很多垃圾。

你常常倒垃圾，給別人造成負擔。
你帶著挫折、失望和憤怒到處走，導致你幾乎每一天、對每一個人的行為，都像垃圾車。
當你不再四處傾倒垃圾，就有機會讓自己輕鬆快樂許多，並且大幅改善人際關係。

35~54分：你往別人身上倒不少垃圾。

你所倒的垃圾，仍然會不必要地干擾到別人的生活，而且次數太過頻繁。
你對生活中的種種煩擾和不快產生的反應，往往使你成為別人眼中的垃圾車。
讓更多的垃圾車開走，並設法減少你丟給別人的垃圾，便有機會改善人際關係，並且增進自己的快樂。

0~34分：你很少往別人身上倒垃圾。

恭喜你！你很少往別人身上倒垃圾。你的人際關係非常不錯。
你把焦點放在生活中的重要事情上，也幫助別人和你一樣這麼做。

◎自我分析

當你減少往別人身上倒垃圾的次數，別人便能脫身而出，繼續專注於他們生活中的重要事情。你不再是倒垃圾的人。

◎採取行動

這個小測驗讓你有機會改善自己和身邊人的生活。仔細看看小測驗的每一道題目。

在你回答「總是」⑷、「往往」⑶或者「有時」⑵的地方，拿起筆把整個句子圈起來。

標示完成後，回頭看看這些問題。現在你腦海裡有一幅畫面，告訴你當你的行爲像垃圾車時，給別人帶來什麼樣的危害。你可以看到，自己其實可以少倒一點垃圾、多散播一點歡樂。

◎擬定目標

其實，每個人都有開垃圾車的時候。我們的目標是盡可能減少往別人身上倒垃圾的次數。每當你這麼做，就會使別人的生活更加清爽愉快，並且減輕他們身上負載的垃圾量。

我們回頭再看一次「垃圾車法則」的第三和第四個承諾：

三、避免成為別人的垃圾車（別往他人身上倒垃圾）
四、幫助身旁的垃圾車（幫助別人停止倒垃圾）

溫習這兩項承諾所包含的章節，重點放在如何執行每一章最後「向垃圾車說不」的行動。

最重要的是，實際運用你學到的東西。多加練習，你倒的垃圾就會越來越少。

此外，在你的行事曆上預定三到六個月後，再做一次這個小測驗。看看自己有沒有進步，然後重新自我承諾，把你的垃圾傾倒量降得更低。

◎計算你的垃圾總負載量

要維護你的身心健康，關鍵是盡可能讓垃圾車遠離你，並且盡可能少丟垃圾。當你自己的言行不再像垃圾車，就會改善別人的生活品質，同時也會改善你自己的生活品質，因爲別人會給你善意的回應——他們會給你更多的愛。當你接收和散播愛，會使世界更加美好。

現在，來看看你的表現如何。

照著以下的說明，畫在下頁的垃圾車圖上：

在垃圾車左欄的GAL線上，圈選你的GAL得分。

在垃圾車右欄的GDL線上，圈選你的GDL得分。

畫一條直線，把兩個點連接起來。

把直線以下的區域塗上顏色。塗色的這塊區域，就是你接收和傾倒的垃圾總量。

這同時代表，你未來有多少機會，讓更多垃圾車開走，以及少往別人身上倒垃圾。

向垃圾車說不

回頭看看你的「垃圾接收量」、「垃圾傾倒量」、「垃圾總負載量」，你的分數正如你的預期嗎？或者為什麽和你想的不一樣？你打算在生活中做什麽改變，減少你的垃圾總量？

每個人都喜歡學會一件事、然後在上面打個鉤的感覺。
但接下來的挑戰是，當我們好像弄明白了，往往不想再多學一點。
我們停止思索，不再練習。
我們以爲自己很行了，可以動手做下一件事，於是卸下心防。
然而，生活好像故意和我們過不去似的，
我們不久就會發現，自己只懂得皮毛而已。
我們務必讓「垃圾車法則」在我們心裡根深柢固，
成爲一種不需思考的本能。一發現垃圾車的蹤影，立刻掉頭閃人。
我們要立下「向垃圾車說不！」的宣言，而且必須說到做到。

第五個承諾

「向垃圾車說不！」
不是口號，而是行動

16

「向垃圾車說不！」：我的個人經驗

不要浪費時間爭論好人應該是什麼樣子。去當個好人就是了。
——羅馬帝國皇帝奧古斯都（Augustus, 121–180）

三年前有個早上，工作上的一輛垃圾車朝我開過來，倒下它的垃圾，害我一整天變了調。我做事心不在焉，情緒惡劣，對別人失去耐性，計畫進度落後，重要的事情遲遲沒有進展。到了下午三點十分左右，我突然想起，二十分鐘後必須趕到大女兒的夏令營，而車程需要三十分鐘。四歲的艾蓮娜要在所有的孩子、輔導員和父母面前朗讀。我早就答應她要到場爲她打氣。

我匆忙丟下手上的工作，衝出辦公室，跑向車子。我殺出停車場，猛踩油門，在車陣中左右穿梭，不停按喇叭，黃燈必搶。一有別的車擋在我前面，或是遇到紅燈，總令我十分不耐煩。我一邊盯著車流，一邊看著手錶，心裡不停地嘀咕：「我怎麼可以遲到？我怎麼可以遲到？」

好不容易到了夏令營，卻必須在擁擠的停車場蛇行找車位。一找到車位，停好，我立刻跳出車子，直奔會場。

＊＊＊

進入會場，有人好心指引，告訴我妻子冬和三歲小女兒愛瑞拉坐的位置。我快步走向她們那一排，閃過一些人的膝蓋和腳，往我的座位移動，擋到後排每一個人的視線。好不容易坐定後，我親吻了冬和愛瑞拉。

我低聲說：「對不起。」

冬以微笑回應。

我傾身靠向她說：「我有沒有錯過什麼？」

她說：「艾蓮娜剛剛上台，在所有人面前朗誦開幕祈禱文。」

我看看手錶，晚了九分鐘。

我抬頭看向冬。「她有看到你們嗎？」我說。

「她直直往我們這邊看，還揮了揮手。」

我懊惱地低下頭。

「九分鐘，」我心裡想著。「我怎麼可以錯過她的朗誦呢？艾蓮娜只看到媽媽和妹妹。我竟然不在場，搞什麼？」

避免成爲垃圾車

隔天，開車上班途中，我滿腦子還在想著前一天發生的事。我怎能錯過女兒那麼重要的一刻？接著我悚然一驚。在我讓垃圾車輾過的時候，我自己也變成垃圾車。當我心不在焉、情緒惡劣、對人耐不住性子，我就是工作上的垃圾車。當我匆忙離開辦公室，開車一路橫衝直撞，趕去看女兒上台朗誦時，我是一輛垃圾車。冬和愛瑞拉孤零零地坐在那邊時，我是一輛垃圾車。當我在會場中鑽過別人面前，而且肯定碰撞到他們的膝蓋和踩到他們的腳時，我也是一輛垃圾車。最糟的是，我錯過了見證女兒的特殊時刻的機會。

結果，艾蓮娜上台朗誦時，我不在場，因爲我收下了別人的垃圾，然後又丟給別人，包括我最愛的人。我以爲我很懂垃圾車，到頭來自己一樣是垃圾車。

故事還沒有完。

那天早上，我讓一輛垃圾車在我身上倒垃圾，它的氣味整天籠罩著我——它拉走我的注意力，害我忘了對我來說最重要的事，但這不是我遲到的唯一理由。我常常錯過時間。

我習慣把每天的行程塞得滿滿的，所以稍微有一件事情讓我分心，或者不在規劃之內的其他任何事情插隊進來，都會影響我的進度。然後我必須硬擠出時間彌補回來。雖然運氣好時可以救回進度，卻還是有不少時候耽誤了要事。女兒上台這麼特別的場合就是一例。當我需要在場爲她打氣時，我卻缺席了。

立下我的宣言

那次經驗後，我明白我必須向自己立下承諾。我必須停止接收垃圾，也必須停止傾倒垃圾。於是我把車開到路邊，取出紙和筆，寫下這段宣言。

向垃圾車說不！宣言

我不接收生活中的垃圾。
當我看到垃圾車，
我不收垃圾。
我只是微笑、
揮揮手、
祝福它們。

然後繼續往前走。
而且，我不丟垃圾給別人。
我不是垃圾車！
從現在起，我不收垃圾。

我反覆高聲念出這段宣言。我將宣言內容熟記在心，也和冬分享。後來，我也和兩個女兒、父母、朋友、團隊成員分享。我做了小紙卡，放進隨身皮夾和記事簿，也貼在桌上和辦公室牆上，用來時時勉勵自己。

實踐宣言

後來，我在生活中努力實踐這份宣言。當我看到垃圾車往我這邊開過來，我便默念宣言，通常只簡要念出「我不是垃圾車」、「我不收垃圾」或「我微笑、揮手、祝福它們，然後繼續往前走」。

當我發現自己在工作場所或者在家裡鬧情緒時，我會反覆告訴自己「我不丟垃圾給別人」，或者「我不是垃圾車」。而當我發現自己又掉進趕時間的壞習慣中，我會對自己說：「我不當垃圾車。我不想遲到。」

當我以「向垃圾車說不！」宣言為中心，重新打造自己的生活，就會比較容易看清我什麼時候收了垃圾，以及什麼時候在倒垃圾。

非戲劇性宣言

「向垃圾車說不！」宣言並不是因為攸關生死的狀況，或者從戲劇性的經驗而產生。而是因為我發現，我任由其他人的負向行為降低自己的生活品質，而它們造成的影響，使我無法成為更好的爸爸、丈夫、朋友、同事、主管和鄰居。而且垃圾車並不都是「外來」的。我發現，我自己的習慣和所做的決定，也害我變成垃圾車。

當我接收和傾倒垃圾，不但害了自己，也害到別人。

我寫下「向垃圾車說不！」宣言，並且努力做出改變。

更自由快樂

我越是實踐「向垃圾車說不！」宣言，我就越快樂。每當我讓垃圾車從身邊開走，以及每一次停止倒垃圾，我便獲得更大的自由。

我可以無拘無束地享受每一天，自由自在地去愛惜和關心最重要的人，並且心無旁騖地專注於生活中的重要事情。

向垃圾車說不

看了我的故事，想想你平常如何安排時間表？你有沒有什麼不良習慣或脾氣？你通常會在什麼時候成為垃圾車？你可以改變哪些想法和做法，減少成為垃圾車的機會？

寫下你在這個月可以做的三種改變。這就是你的「垃圾車法則計畫」。

想想看：當你開始改變自己、改變和旁人的互動，是不是就等於一點一滴地讓這個世界更美好？

17 立下你自己的「向垃圾車說不！」宣言

一個人擁有什麼，就應該去使用；而不管他做什麼，都應該全力以赴。
——古羅馬政治家西塞羅（Cicero, 106–43 B.C.）

我寫下我自己的「向垃圾車說不！」宣言並付諸執行之後，決定盡可能和衆人分享。數百萬人曾經在我的報紙專欄「垃圾車法則」和「小心垃圾車！」，以及主題部落格（www.thelawofthegarbagetruck.com），領略「向垃圾車說不！」哲學的精髓。更有成千上萬人在我的演說和研討會，以及電視系列短片《快樂答案》中，看到我宣揚垃圾車法則。

＊＊＊

雖然經由我的專欄、部落格、網站、新聞信和研討會，許多人漸漸明白讓垃圾車遠離自己的重要性，但我也知道，他們可能掉進我曾經掉進的陷阱。光是認爲自己明白垃圾車法則還不夠，你必須身體厲行——而且必須立下宣言。

我開始和所有的客戶分享我的「向垃圾車說不！」宣言。我把它帶到好幾個不同的單位，例如佛羅里達州的工程協會、南卡羅萊納州的牙醫協會、狄爾萊海灘的一所學校、加州一家社區銀行、伊利諾州某個郡的政府單位，以及澳洲國際運籌公司的美國銷售部門等等。我在國際經濟商管學生會（AIESEC；世界最大的大學領導計畫），和來自一百多個國家的學生領袖分享。我在紐約市街頭，爲我的電視節目拍攝《垃圾車法則》短片，透過媒體傳布這段宣言。

立下宣言

每一次我和衆人分享「向垃圾車說不！」宣言，反應都很熱烈。聽了我的說明後，所有人都贊同，想要讓生活產生重大的轉變，許下「向垃圾車說不！」宣言，並且努力實踐，是其中的重要關鍵。

現在，就像我帶著演講會場聽衆所做的那樣，我要請你和我一起立下「向垃圾車說不！」宣言。我相信，當我們全力投入和享受其中的樂趣，才能學到最多。所以我要你跟著我，好像你正在參加我的研討會或者聽我的演講。首先，請再讀一次「向垃圾車說不！」宣言。

向垃圾車說不！宣言

我不接收生活中的垃圾。
當我看到垃圾車，
我不收垃圾。
我只是微笑、

揮揮手、
祝福它們。
然後繼續往前走。
而且，我不丟垃圾給別人。
我不是垃圾車！
從現在起，我不收垃圾。

接下來，我們進行第二步。我們要一同高聲宣讀，而且還要附帶肢體動作。這可能是讀這本書，你唯一需要考慮找個隱祕地方的時候。我可不希望你難爲情，而更重要的是，不想害你被踢出辦公室或者家裡！

好，我們開始吧！請站起來，當作你置身在我的演說會場。想像一下，先聽我念一句宣言，然後你跟著高聲重複。不妨運用雙手和身體，強調這些字句的力量。

準備好了嗎？開始。

大衛：我不接收生活中的垃圾。

你：我不接收生活中的垃圾。

大衛：當我看到垃圾車，

你：當我看到垃圾車，

大衛：我不收垃圾。

你：我不收垃圾。

大衛：我只是微笑。

你：我只是微笑。

大衛：我揮揮手。

你：我揮揮手。

大衛：祝福它們。

你：祝福它們。

大衛：然後繼續往前走。

你：然後繼續往前走。

大衛：而且，我不丟垃圾給別人。

你：而且，我不丟垃圾給別人。

大衛：我不是垃圾車！

你：我不是垃圾車！

大衛：從現在起，我不收垃圾。

你：從現在起，我不收垃圾。

恭喜你！你已經宣讀了「向垃圾車說不！」宣言。歡迎你和我們一起展開全心全意、專注於最重要事情的新生活。

向垃圾車說不

仔細回想你剛剛宣讀的「向垃圾車說不！」宣言的內容。

想想看你可以怎麼做，時時提醒自己遵守宣言。

18 在工作上實踐「向垃圾車說不！」宣言

我無法預知你的命運，但我很確定一件事：知道如何奉獻的人，才會真正快樂。
——人道主義醫生史懷哲（Albert Schweitzer, 1875–1965）

這些年來，我住過至少幾百家飯店，親眼見到整間飯店上上下下所有員工每天遇到的各種挑戰。房客們總是希望他們的假期和差旅行程萬無一失。當這樣的期望因爲某些因素而產生落差，他們就會對飯店工作人員頤指氣使，甚至口不擇言。這種態度，就像垃圾車一樣。

由於飯店工作人員有時必須忍受這樣的對待，若我得到很好的服務，總是特別感激。九年前，內人和我的一段經歷，值得一提。

鑽石不見了

那一年，冬和我在夏威夷可愛島的凱悅飯店慶祝結婚兩週年。假期的第二天，我們決定去游泳。

游完泳，我們上岸擦乾身體。冬突然驚叫：「天啊！我的天哪！」她低頭看著雙手。訂婚戒指上的兩克拉鑽石不見了。四支鑲爪只剩兩支。我盡力安慰她。

「我們再重買一個，」我說。「戒指只是一種象徵……我們實際擁有的是彼此……那才是最重要的。」

別誤會，我並不是不在意那個戒指——我可是辛辛苦苦存錢，找了好久，也找得很辛苦，才好不容易找到中意的款式。最重要的是，那是我向冬求婚的鑽戒。如今，它不知已掉到沙灘上的哪個角落。

請求協助

雖然我心裡有數，鑽石很難找得回來，卻還是請飯店經理伊薇特幫忙。叫我訝異的是，伊薇特立即組成一支小型搜尋團隊。五名團隊成員跟著她，幫我們找戒指。我們沿著走過的路，在海邊小屋四周一寸又一寸地淘沙。

一個多小時後，我請他們別再忙了。雖然這枚戒指有情感上的價值，但這項任務太艱難了。幸好我們早已替戒指買了保險。可惜我們的假期並沒有投保。我們決定把遺失的戒指拋諸腦後。

意外的電話

我們回家後第四天，冬接到一通電話。

「波萊太太嗎？我是可愛島凱悅飯店的伊薇特。」

「嗨！伊薇特，你好。」冬還記得這位飯店經理。

「波萊太太，有好消息要告訴您。」

伊薇特頓了一下。冬靜候著。

「我們找到您的鑽石了！」

「什麼?!」冬從椅子上跳了起來。「是眞的嗎?!我眞不敢相信!」

「確實找到了!」伊薇特高聲說道。

「太神奇了!」冬說。「你們是怎麼找到的?!」

「波萊太太，當你們要我們放棄時，其實我們還繼續在找，」伊薇特解釋說。「我們觀察過你們的行程，大致上知道你們每天前往海灘和離開海灘的時間。所以在你們到達海灘之前和離開海灘之後，我們仍繼續搜尋。即使你們已退房，我們還是不放棄。今天早上，終於找到鑽石。」

「伊薇特，我眞不敢相信。你們這些人眞的好棒!非常謝謝你們!」

「波萊太太，這是我們的榮幸，」伊薇特說得很客氣，但聽得出來，她也爲自己的團隊所做的努力和完成的任務感到驕傲。

伊薇特接著說道:「我們已經把鑽石送到珠寶商那邊清理過，連沙子也工作得十分賣力呢。」

冬和伊薇特都笑了起來。

「波萊太太，您的鑽石經過妥善包裹，正在寄送給您的途中。」

「再次謝謝你，伊薇特。」

掛上電話後，冬立刻打電話告訴我這個意外的好消息。

服務是最好的口碑

冬和我既驚且喜，充滿了感激。我們不曾體會過這麼棒的服務——伊薇特和她的團隊如此大費周章，幫我們尋回十分寶貴的東西，這樣的盡心服務對我們意義非凡。因此，我們對伊薇特、她的團隊，以及凱悅飯店，都有一種特別的好感。

伊薇特和她的團隊表現得那麼出色，對凱悅飯店整個體系來說重要嗎？過去重要，現在也重要。冬和我親身體驗到這麼出色的服務，當然會把這個故事到處說給人聽，也經由我的文章、研討會和演講，一下子散布給成千上百人。我們每一次提起這個故事，就等於在替凱悅飯店做宣傳。任何廣告形式，都比不上口耳相傳的影響力。

當員工提供優質的服務，結果將大不相同。

每當我們接起電話、回覆電子郵件，或者接待顧客，每個人都有機會讓這個世界變得更加美好。誰都不知道我們對他人的服務，所產生的正面影響會有多深遠。偶爾或甚至經常遇見垃圾車，並不會阻礙我們去完成使命。我們必須做好準備，盡全力提供下一次的服務。凱悅飯店的伊薇特和她的團隊，在沙灘上全力尋找鑽石，所做的正是這樣的事情。

向垃圾車說不，提高服務品質

依據我的經驗，一家公司想要改善服務品質，能做的最重要事情，是要求每一個員工學習垃圾車法則，並且立下「向垃圾車說不！」宣言。

當顧客發脾氣、不講理、不公道，而且行爲舉止像是垃圾車時，對你的傷害會很大。如果你沒有學習如何讓垃圾車開走，你會無意間收下顧客丟給你的負向能量，然後又在無意中，把你的挫折傳遞給下一位顧客。

更糟的是，如果你的同事不明白垃圾車法則，他們也會承受負向的能量波，而這個負向能量波的起源，正是你從棘手的顧客那兒接收到的。

情緒勞務

當我們任令垃圾車輾過我們，就會付出「情緒勞務」（emotional labor）。心理學家用這個名詞來說明人們管理情緒，力求符合企業/組織的標準，所需投注的心力。

企業對員工的期望，是不管處於什麼樣的情況，員工都必須以顧客爲尊、親切有禮。在職訓練便是要教導員工各種技能，以達成這個期望。公司也要求經理人適時和有效地指導下屬，協助提高績效水準。

我們面對的挑戰是：當顧客用不講理、不公道的態度對待我們，我們自然而然會有些失控，不管曾經受過多少訓練或者指導都一樣。在這種壓力下，我們必須付出大量的「情緒勞務」。我們更容易心煩意亂、心不在焉。而這又往往會降低服務水準，也會對我們的工作滿意度造成負向影響。還有，如果我們接受的訓練不夠，或者管理階層沒有力挺我們，那麼這種奧客會使我們更痛苦。

宣言的力量

如果我們讓垃圾車輾過自己，就很難提供最好的服務給顧客。所以說，如何讓垃圾車開走，是你在工作上必須學習的最重要技能之一。你越是能夠專心解決顧客的問題，不因他們的人格特質和行爲舉止而分心，事情就越好辦。

想像一下：堅決不讓奧客把你弄得心浮氣躁、情緒低落，你的工作會有多愉快。你付出的情緒勞務會降低，正向能量會增加，工作會更有成就感，顧客也會更加滿意。

當你立下「向垃圾車說不！」宣言，並且努力實踐，你會盡最大的力量，讓無法控制的負向事情從身邊飛去。然後你會用更多的心力，注意到同事、顧客和工作上美好的一面。

向垃圾車說不

當組織中的每個人都立下「向垃圾車說不！」宣言，貴公司會如何進步？這個星期就下定決心，在每次與顧客互動的時候，實踐你的宣言。觀察一下，你的服務品質和顧客滿意度是否因此而提升？

如果你是業務團隊的領導人，這個月就教導團隊成員認識垃圾車法則，並且要他們立下「向垃圾車說不！」宣言。

當你看到團隊成員不讓顧客的負向態度和行為影響自己，務必適時讚美。這樣一來，他們才能盡全力去滿足顧客，讓顧客愉快滿意。

19 在家庭實踐「向垃圾車說不！」宣言

不論是國王或農夫，家庭和諧最幸福。

——歌德（Johann Wolfgang von Goethe, 1749–1832）

我生長在「向垃圾車說不！」的家庭，很早就學會母親和祖母所告誡的，不准「使性子」。我們在家裡可以談任何事情，卻不准脾氣暴躁或者粗魯無理；我們可以把問題拿出來討論，但不准把問題丟給別人，而且絕對不許大吵大鬧。祖母在我九歲那年，讓我懂得這些道理。

祖母的智慧

有一年冬天在密爾瓦基，我和父母、弟弟、祖父母一行人看完電影，準備離開購物商場。由於某個莫名其妙的理由（我到現在還想不明白），我對父親大發脾氣，而且就像許多同齡的孩子那樣，賭氣不和他講話。

那天晚上下著雪，氣溫在冰點以下。父親吩咐我們在賣場裡面等，他先去暖好車子，再開到賣場入口接我們。

父親離開後，祖母對我說：「我不知道你為什麼生爸爸的氣。但是爸爸很愛你，你也愛他。晚上不要賭著氣睡覺，上床以前先去抱抱你爸爸、親他一下。」

接著她把我拉近，悄聲說道：「告訴他你很愛他。你永遠不知道上帝什麼時候會將他帶走。」

當她說這句話的時候，我幾乎沒辦法呼吸。我不曾想過會失去父親。祖母的話一直縈繞在我心裡：「你永遠不知道上帝什麼時候會將他帶走。」

家庭守則

從那天起，我就特別留意這項家庭守則。我們不會帶著怒氣上床，或者掉頭走開——大家都有一定的默契：我們必須解決彼此之間的問題。也許會先去睡一覺，或者先叫停，然後再想辦法把事情講清楚，但我們一定會在出門或者說晚安之前，表達我們對彼此的愛。

我相信，要讓一家人把目標凝聚在互相關愛、避免傷害的最有效方式之一，就是一起立下「向垃圾車說不！」宣言。當你們立下宣言，就等於已經承諾要相互扶持，度過所有的挑戰和失落。不必訴諸肢體動作、抗議或大喊大叫，才能引起關注；只需要請求幫忙就行了。在「向垃圾車說不！」的家庭中，每個人都願意傾聽、努力化解歧見、支持對方達成某些事情，而且以各種可能的方式相挺相助。

放大彼此的優點

當一家人把注意焦點放在引導彼此最好的一面、慶祝彼此的成就和好消息，而且對彼此充滿愛，就不大可能會讓自己像垃圾車一樣。家人之間願意花時間討論和爭辯，但絕不相互叫罵或無禮以對。

當你不讓自己在家裡成爲垃圾車，轉而注入更多的愛和關注，家人之間的關係一定會融洽和諧。當你看見和欣賞彼此的獨特之處，享有美好的親人關係，就能爲幸福的家庭生活奠下基礎。而當你珍惜共享天倫之樂的時光，你會感到幸福快樂。

向垃圾車說不

如果府上立下「向垃圾車說不！」宣言，你想，家人之間的關係將如何改善？請在這個星期努力做到兩件事。

(1)在家裡宣布新守則：有人的行為像垃圾車時，便不准上床或出門。

(2)留意每一位家人的好消息，適時且熱情地給予讚美。

到這個星期結束時，感受一下，「向垃圾車說不！」宣言，是否使家人的關係更親近。

當你把注意力集中在生活中美好的一面，
時時感恩、滿懷信心、慈悲待人、愛人如己，
以及和別人分享樂觀心態，你就會發散並且接收到某種能量。
你會生活在我所說的「感恩循環」。
當你只看壞的一面、對人不耐煩，
滿懷嫉妒、經常抱怨、說人是非、沉溺在悲觀情緒之中，
那就是在培植和餵養另一種能量。我稱它爲「垃圾循環」。
你每天都受到邀請，可以選擇感恩循環或者垃圾循環。
這兩種循環都有強大的力量，將你往兩個方向拉扯。
你要接受哪邊的邀請，由你決定。

第六個承諾

加入感恩循環
遠離垃圾循環

20 垃圾循環

如果說禍不單行，那同行者未免太多了。
——作家及哲學家梭羅

垃圾循環和感恩循環都會製造能量、吸引能量，也需要能量的補給。每一次你成為垃圾車，都會貢獻負向能量到垃圾循環中——包括你的挫敗、不耐煩、批判、憂慮、憤怒。當你置身於垃圾循環，其他人的垃圾都壓在你身上，而且你的負面情緒和他們的還會相互串連。

當你置身於垃圾循環之中，你會感受到壓力、重擔和壓迫。著有《寬恕與和解》一書的心理學家渥辛頓指出：「承受壓力的人，往往滿懷敵意……任何人一進入他們的警戒區，都會成爲箭靶……壓力大的人特別容易生氣，而且想要把怒氣發洩出來。」

當你處在垃圾循環中，你會自以爲是，斷定全世界出的錯都不干你的事。一定是別人犯的錯，是別人搞砸了。

失足陷入垃圾循環

父親曾經告訴我他的一次親身經驗，正好可以用來說明掉進垃圾循環的危險。這件事發生在密爾瓦基，那時弟弟和我都還小。一天晚上，父親下班回家，開車不愼，引發一連串風波。那時他只差幾條街就到家了：

我開車回家吃晚飯，迫不及待想看看兩個孩子。我從議會大道北轉到奧克蘭大街。因爲這一天比較晚下班，所以開得很急。其實，我那時年輕氣盛，開車很猛，轉彎時一定礙到了別輛車子，因爲我看到有輛小車在後面猛按喇叭、駕駛對我大吼大叫、揮舞拳頭。接著，那輛小車突然加速往前開，擋在我的車前面。對方氣急敗壞地指著路邊，自己在停車格停下。我跟在他後頭，也停下車子。

我正要開車門，抬頭一看，一名彪形大漢正從那輛小車鑽出來。那個人壯得很，簡直像個巨無霸！而且好像剛從健身房出來，身穿緊身衣，肌肉發達，汗流浹背，怒氣沖天。

他往我的車靠過來。這輩子我第一次對自己說：「我在搞什麼鬼呀？我才不想和這傢伙打架。不值得鬧這麼一場。」於是我坐回去，關上車門。

大塊頭走到了我的廂型車前面，開始對我嘶聲怒吼，要我出來。但我一動也不敢動，只隔著車窗一迭聲地說：「對不起。眞的對不起。我很抱歉。」

過了一會兒，那傢伙終於轉身朝他的小車走去。我倒車回到馬路上，趕緊夾著尾巴開回家。

我問父親他爲什麼臨陣脫逃，他大笑說道：「我才不想讓你們看到我被揍得鼻青臉腫！他塊頭那麼大！」我們相視而笑。他接著又說：

其實，是我有錯在先，我不想一錯再錯。我的開車技術已經夠爛了，若再加上一個不小心，就有可能害人害己。沒必要打這麼一架。我有兩個孩子，太太也在等著我回家。去問你媽就知道，從那天起，我成了優良駕駛，再也不飆車了。

我告訴父親，他的抉擇相當明智。選擇讓步，反而比衝上火線更令人激賞。父親又補上幾句：

這種事如果發生在今天，誰知道後果會如何。以前頂多是痛扁一頓，如今，可能直接就開槍了。更糟的是，連無辜的路人也可能遭到流彈波及。相信我，我絕對不會再讓自己陷入這種局面。

抽身離開垃圾循環

我父親一時不愼，啓動了垃圾循環：開車橫衝直撞，又接受另一位駕駛的挑釁，差點打上一架，這都是不對的。幸好，他及時發現自己坐上了垃圾車，必須趕快煞車。他曉得自己就要跨越危險的界線，所以他選擇讓步、道歉，好好走回家的路。

走出垃圾循環的關鍵，是爲自己的行爲負責。當你發現自己倒垃圾在別人身上，要像我父親那樣及時喊停。

別讓其他人把你拖進負面的想法和行爲之中：當你陷入垃圾循環，要保持警覺，並且盡快拔腿就走。

向垃圾車說不

什麼時候你會被引誘上鉤，陷入垃圾循環？把最能引起你這麼做的事情寫下來。

這個星期，特別注意哪些因素會激起你的負向行為，並且刻意避免餵養垃圾循環。每一次你選擇遠離垃圾循環都值得慶幸，因為垃圾不再影響你！

21 感恩循環

人生有三件要事。第一是仁慈，第二是仁慈，第三還是仁慈。

——小說家亨利・詹姆斯（Henry James, 1843–1916）

感恩循環以希望和仁慈爲燃料。這個循環時時在你身邊運轉。有些人讓自己陷入垃圾循環，而你一定要選擇感恩循環。

每一天，都要尋找別人和自己最好的一面，刻意讓自己置身於感恩循環。隨時隨地留意好的一面，並且充分利用；不要浪費時間和精力在微不足道的負向事物上。反之，務必保留你的熱情，用在需要你集中心力的各種挑戰上。

當你置身於感恩循環，你會珍惜你所擁有，並且表達謝意。你把注意力集中在正向的事物上，讓無法控制的負向事物因爲你的淡然處之而自動遠離。

＊＊＊

有一回，我帶兩個女兒到百視達租《料理鼠王》。我們在架子上找到ＤＶＤ，拿到櫃台結帳時，不巧必須等候一下。

原來店員正在回答顧客的電話詢問。她用眼神示意，表示她注意到我們了；接著暗示我們：她一講完，馬上就會過來。所以我們繼續等著。

聽她的電話對談，我判斷對方是個難纏的顧客，不會讓她輕易脫身。櫃台前等候的人，給她帶來更大的壓力，因爲當時只有她一個人在看店，且陸續有其他顧客排在我們後面。

我暫離櫃台，和女兒聊起回家要做爆米花的事。過了一會，店員掛上電話，請我們往前。

「抱歉讓您久等了，」她說。

「看來是個難應付的顧客，」我說。

「是啊……不過還好，已經處理好了。」

我付了錢，她將ＤＶＤ放進提袋交給我，我道謝後，帶著女兒往門口走。還沒走到出口，兩個小女孩開始爭論這次換誰提袋子（如果你帶過小孩，一定很熟悉這種狀況）。

我停下腳步，打算先擺平她們再說。我還來不及插手調解紛爭，店員已經從櫃台後面快速走了出來，手裡拿著另一只袋子，彎下腰，笑著對兩個小女孩說：「我再送你們一個袋子。你們可以一個人拿著裝有最新目錄的袋子，另一個人拿著裝ＤＶＤ的袋子。這樣，兩個人就都有袋子嘍。不錯吧？」

兩個女兒相視而笑，說道：「喔……謝謝。」店員綻開笑臉說：「我也有兩個女兒，所以我很明白這些事情。」說完，她走回櫃台服務下一位顧客，臉上露出滿意的神情。而我帶著女兒上車，心裡非常感激。

一個重要的小決定

這位店員在接了顧客的電話之後，很可能把她遭遇的挫折散播出去，餵養垃圾循環。或者，她也可以伸手幫忙同爲父母的顧客，餵養感恩循環。這位店員最後所做的選擇，是停止丟垃圾，轉而助長感恩循環。她遵循垃圾車法則，讓面對棘手顧客的不快經驗隨風而逝。她並沒有收下垃圾、耿耿於懷，而是集中心思在自己所能掌控的事情上。這位店員的決定，讓這個世界更美好。

我們身邊有許多像這樣的好人。下一次當你看到有人在制止垃圾循環、餵養感恩循環，請向他們表達你的敬意。

散播感恩，不散播垃圾，你會更快樂，身邊的每個人也一樣。

向垃圾車說不

想想你在家裡、職場和社區分別扮演什麼角色。

站在每個角色，你可不可以做一件什麼事，好對感恩循環有所貢獻，

並且遠離垃圾循環？

有一天，你會看到遵循垃圾車法則，
使你的生活發生多麼深遠的改變。而且你會發現，
這個選擇如何讓你關心的人以及你生活在其中的世界都得到好處。
當你感覺自己能夠擺脫垃圾車的影響，
你就有力量做出選擇，宣告你將厲行「向垃圾車說不！」。
這個承諾將支持你度過平順或低潮的時刻。

第七個承諾

在日常生活厲行「向垃圾車說不！」

22 要進步，不要完美

善行給我們自己力量，也激發別人行善。
——柏拉圖

想在日常生活中厲行「向垃圾車說不！」，會面臨各式各樣的挑戰。種種問題紛至沓來，出乎意料的狀況不時發生。還有，你在閱讀本書時，覺得做起來容易、合情、合理的事，一放下書，真正面對垃圾車，可能還是感到十分艱巨、複雜而難以執行。

第七個承諾就是要幫助你做好準備，在日常生活厲行「向垃圾車說不！」，擺脫垃圾車的負擔。

兩個提醒

第一，認清你的生活中難免有垃圾車，是很重要的一件事。你會繼續遇見一些人，也會和這些人互動。他們任令自己的挫折、憤怒和失望，主宰自身的行爲，以及與他人溝通的方式。其中一些人來來去去，而另外一些人則賴著不走，但人生就是這樣，沒什麼大不了的。只要記得世界上找不到一個地方，所有人十全十美，完全沒有垃圾車開來開去。箇中訣竅是學習如何祝福垃圾車，並且繞過他們繼續走你的路。每一次你讓一輛垃圾車開走，心裡不起波瀾，繼續專注於生活中的重要事情，那麼你就是通過了考驗。你一定會遇到這些考驗，但是隨著你深化承諾，決心厲行「向垃圾車說不！」，你就越容易把它們拋諸腦後。

第二，你和其他人一樣，有時也會是垃圾車。認清這個不可避免的事實，同樣很重要。這也是人生。遇到這些困難的時刻和棘手的人，即使你做了周全的準備，還是有可能被垃圾車輾過，並引發你產生負向而缺乏建設性的反應。像這種時候，感覺上好像你忘記了學過的每一條垃圾車法則。事實上，你當然沒有忘記。你只不過是暫時失焦，有些失控。一次的挫敗，並不代表完全失敗。

成功的關鍵很簡單，就是認清你犯下的錯誤：你成了一輛垃圾車，接收了別人的垃圾，也將垃圾散播給別人。還好你有機會可以彌補——只要你能阻止自己浪費時間找藉口就行了。去向被你倒過垃圾的人道歉，問他們是否願意再給你機會，接著，在自己成爲垃圾車之前，好好對他們說些什麼或者做些什麼。

時時記住這段話：「我不會把自己的挫折、失望和怒氣，發洩在別人身上；我不要讓別人背著我的垃圾。我不是垃圾車。」

＊ ＊ ＊

十九世紀的瑞士作家凱勒（Gottfried Keller）寫道：「如果我們不時時努力變得更好，就無法持續那麼好。」凱勒的意思並不是說，我們得把生活中的樣樣事情都做對。他只說我們必須「努力變得更好」。言下之意是：我們可以善待他人，而且，就算不夠盡善盡美，也會很快樂。科學證實了這個觀念。

心理學家狄耶納（Ed Diener）和畢斯華斯—狄耶納（Robert Biswas-Diener）在兩人合著的《幸福：揭開心理財富的面紗》中指出，所謂的快樂和成功，全看我們把關注焦點放在哪裡、我們如何解讀各種事件，以及我們回想哪些記憶。簡單地說，狄耶納父子的研究證明了，快樂的人經常「尋找正向事物（關注），把中性事件想成正向、在逆境中尋找成長的可能（解讀），以及回想更有酬賞的記憶（記憶）」。這正是承諾「向垃圾車說不！」的用意所在——用來確保你所關注、解讀和記憶的內容不受垃圾車所左右。

本書第十五章有兩個小測驗——「你是收垃圾的人嗎？」和「你是倒垃圾的人嗎？」希望它們能讓你一清二楚地看到，你在日常生活中收下多少垃圾，以及倒出多少垃圾。我設計這兩個小測驗，並不是要幫助你得到完美的分數，而是讓你明白自己可以在什麼地方做改進、想辦法少收／少倒垃圾。只要在這兩方面有所改善，便會讓你更快樂。

向垃圾車說不

再次謹記，你的目標是追求進步，而不是追求完美。

你可以做些什麼，好讓自己持續努力，不被垃圾車影響，並且少倒垃圾給別人？把你的想法寫下來。

23 宣告你個人的「向垃圾車說不！」空間

光是到各處去講道沒有用，除非我們所行是我們所傳講的。
——聖方濟（St. Francis of Assisi, 1181–1226）

當我們明白生活中總是有垃圾車，而我們自己也可能偶爾成爲垃圾車之後，便需要一套策略，將目前所學到的一切彙整起來。總而言之，你必須在生活中厲行「向垃圾車說不！」。

毫無疑問的，你是爲了自己而學習，所以遵循垃圾車法則不是消極被動的行爲。不過，有些人以爲，讓垃圾車從身邊開走是一種被動退縮的心態，不夠積極進取。

事實正好和你所想的相反。垃圾車法則要求你和世界正面迎戰，而不是逃離它。

畢竟在日常生活中，你有責任關心你所愛的家人、朋友、鄰居——以及你自己。抱著逃避的心態，是無法做到的。在日常生活厲行「向垃圾車說不！」，讓你不會被棘手的人和事所阻礙；你知道如何巧妙回應，而不是躲得遠遠的。簡單地說，「向垃圾車說不！」就像一道密碼，將負向事物隔離在外。在那裡，你只要微笑和揮手，就能讓這些身外事物掠過身邊。

吸收正面能量

事實眞相是，當你吸收世界上的正面能量，讓負向事物（世界上所有你不能控制的壞東西）擦身而過，你會變得更強壯。厲行「向垃圾車說不！」，有助於你在嚴峻的世界中，活得更快樂、更有信心。你仍然可以和別人熱烈爭論各種想法，而且完全不同意對方；但不同的意見，只是對事而不對人。你可以爲了你眞正在意的人和事而堅持不懈，努力追求和平與正義，卻不必成爲垃圾車。

生活在「向垃圾車說不！」空間——當然不是指眞有那麼一塊地方。那是一種心理狀態，以及你在這個世界立足的一種方式。它具體呈現了你的承諾：決心專注於重要的事情，不讓負面事物產生干擾。務請記住，沒有必要因爲不愉快的回憶而苦惱，也不該被悲觀的心態而自我侷限。你可以發自內心地寬恕別人和放棄報復，正如你可以自在地請求別人幫忙，並且很樂意再給別人一次機會。

厲行「向垃圾車說不！」，使你樂於認可並讚美別人好的一面，同時尋找機會，和每個人有效地溝通。用你的身、心、靈兌現和履行「向垃圾車說不！」宣言，確保你不接收或者散播垃圾。還有，當你置身於感恩循環，投入精力去做對的事情——也就是選擇感恩而不是垃圾——有助於使這個世界更臻美好。

正確的承諾

你所做的承諾很重要，因爲從中可以看出，你將如何因應生活中的人與事。其中的關鍵是做出正確的承諾。

有些人有仇必報，不管冒犯他們的事情有多麼微不足道。有些人面對他們想像中的威脅，自築壁壘，不管那些威脅實際上如何無足輕重。有些人在別人犯錯時，非得教訓他們不可。當別人踏錯一步，他們便不假辭色，或者照本宣科，祭出可用的每一條規定。如果你用這種方式過日子，那麼幾乎任何事情都會讓你跳腳，感覺遭到挑釁，於是你整天都想教訓別人、批判別人或者執行你的規定。

心理學家拉札勒斯和佛克曼在兩人合著的《壓力、評估與回應》中強調，承諾在我們的生活中扮演極其重要的角色：

作出承諾，說明了哪些事情對我們特別重要。這也是人們選擇行動時的依據，其中包含十分重要的激勵要素。承諾會引導人們進入或者遠離有害／有利的狀況，而影響人對事件的回應方式。

保留最好的自己，給最重要的人

如果你承諾要和家人共享天倫之樂，就不會讓亂開車的人、粗魯的侍者、糾纏不休的店員，或是態度不佳的客服人員破壞你的心情。何必把這些人的無禮，或者你和他們的負向互動——凌駕於與你最愛的人共享歡樂時光的重要性之上？如果你縱容無關緊要的事情引爆怒火，就會轉移注意力，而忽視對你極爲重要的人。

當你任由生活中最微不足道的負向事物挑動自己，就會把全部的寶貴精力用於防衛自我。在你需要強壯，而非軟弱的時刻，這無疑是在浪費精力。這樣的說法，可能和你所想的恰好相反。負向的互動日積月累下來，產生的影響將十分巨大。如果你每一天「都充滿著讓心血管緊繃的挑釁，生活就會慢慢陷入敵意的核心，」史丹福大學生物學和神經學教授薩波斯基說：「如此一來，罹患心血管疾病的風險增加，也就不足爲奇了。」

當你眞心誠意，努力當個最好的父母、配偶、朋友和同事，你會發現更容易從以前的執著中脫身而出。你不再把一點芝麻綠豆大的小事，當成是天大地大的威脅似的，成天劍拔弩張。

言出必行

我最喜歡的聖經金句之一，是《傳道書》第五章第五節所寫的：「你許願不還，不如不許。」這段經文成了我的人生指南。我不管是擔任作家、教師還是領導人，都把它謹記在心。它提醒我，我有責任具體實踐我所宣揚的事情，且不該承諾自己辦不到的事。它告訴我，我應該在家裡、職場、社區以身作則，成爲所宣揚價值的典範。我的行爲甚至比我說的話還重要。

所以，我必須做的不只是寫這本書，而你必須做的不只是讀這本書。我們必須一同奉行我們所宣揚的價值。在我們周遭的人，不管是朋友、家人、同事，或者只是路人，都會因爲我們講的話而寬心，但我們必須用行爲才能眞正說服他們。我們必須一起努力，厲行「向垃圾車說不！」。

向垃圾車說不

在你的生活中，什麼時候和什麼地方，會遇到最多的垃圾車？職場？家裡？或者公共場所？

請暫停片刻，想想某個遇到垃圾車的典型狀況。

現在，想像你是在「向垃圾車說不！」空間遇到垃圾車。你會如何用比較正向的方式，去面對那種狀況？

寫下你所想到的兩種方式。

24
傾吐有幫助，倒垃圾很傷

千萬不要以為有了友誼，就可以肆無忌憚地對親密的朋友說些不愉快的事。你和一個人越親近，就越需要圓熟得體和以禮相待。

——美國詩人、小說家、醫師霍姆斯（Oliver Wendell Holmes, 1809–94）

當你開始在生活中厲行「向垃圾車說不！」，可能會遇到一些狀況，不知道自己是在倒垃圾，還是在向人傾訴。這兩個有差別嗎？

簡單地說，傾訴是幫助別人了解你遇到的問題；倒垃圾則是拖累他人的情緒。

傾訴是有建設性的，有時更有其必要，因爲這可以幫助你走出挫折。追根究柢，傾訴是請求某人見證和承認你的確面對挑戰。這是一種自然的需求，希望別人能夠了解你，進而感同身受。

能夠坦誠且敞開心胸表達自己，是人與人之間交流的根本。傾吐的基礎在於信任。你相信對方會傾聽你的話語，而不帶批判的眼光。對方知道你只是想把自己在意的事講出來，而不是把憂慮和挫折一股腦倒到他們身上。這一點也同樣重要。你當然不希望關心你的人浪費時間、精力，猜測你是不是拿他們當作垃圾桶。

請求准許

傾吐的前提是取得准許。如此才能在你需要的時候，向關心你的人講講心裡話，而你知道他們不會批評你。你的朋友和家人會提供一個安全天堂，讓你盡情傾訴。

但是當你沒有得到准許，就一股腦把抱怨、憂慮、挫折、失望往某個人身上拋，傾訴就會變成倒垃圾。如果你遵守「向垃圾車說不！」宣言，想要向還沒有准許你的某個人傾吐，那麼你只能這麼做：請求准許。

當你說：「我可以吐吐苦水嗎？」你表現出的是對他人的尊重。這麼問，表示你了解別人也有自己的煩惱。如果你沒有先徵求同意，就滔滔不絕講你的問題，好像你的煩惱比別人的煩惱重要；不管你想講的是什麼，無論他們手上有什麼事，你都可以隨意干擾他們的生活。

那麼，當你突然發現自己正在往別人身上倒垃圾時，該怎麼做才好？答案很簡單：趕快停下來。問問自己：我眞的需要講這件事嗎？如果你很肯定，那就請求對方許可。得到許可之後，再暢所欲言。如果沒有得到許可，請務必尊重對方，另外找個比較好的時機。

適可而止

傾吐也需要注意時間長短。當你請求別人允許你傾吐，那就表示你想說的事情，會有結束的時候——你不會說個沒完沒了。一旦講完，傾吐也就宣告結束。你會傾聽他們的意見，然後回去繼續做你該做的事——而且用更好的心態去做。讓傾聽你說話的人知道你有多麼感激，並且感謝他們的支持，這樣一來，對方也會覺得很窩心。

另一類人則是一倒垃圾就沒完沒了。一開始既沒有取得別人同意，也讓人覺得你根本無心解決問題。你只是在浪費別人的時間，愛丟垃圾罷了。

一意孤行地傾倒垃圾，表示你根本不關心別人的感受。你過於沉溺在自身的問題之中，對聽你講話的人毫無感激之情。如果你認爲對方既然是你的親朋好友，理所當然就能往他們身上倒垃圾，那你這個人眞的很差勁。

不好的開始

研究人際關係的心理學家高特曼（John Gottman），在他寫的《關係的療癒》一書中，指出另一種傾倒的形式。他把這種形式稱爲人與人交談的「粗糙」開場。這種事情發生在你想和別人講話，但一開始卻以「負向、責怪或者批判的方式進行，得到的效果和所希望的恰好相反：讓對方敬而遠之」。

高特曼針對已婚夫婦所做的研究發現，「你可以根據頭三分鐘的談話內容，預測十五分鐘交談的結果。如果前三分鐘包括許多負向、責怪和批判，結果通常很差。其準確率高達九十六%。」

最糟的是，你相信別人不會了解你有多痛苦，除非他們也有和你有一樣的感受。你覺得別人光是聽你說還不夠，必須也讓他們感受你的痛苦才行。也就是說，他們必須和你一樣憤憤不平，你才會相信他們確實了解你的不快。你的作法並不是像前面所提到的，描述什麼事情讓你感到困擾，然後請別人提供建議或者安慰，而是自顧自地抱怨個沒完，直到每個人都和你一樣憤慨、而你成功地將自己的心情投射到他們身上，你才會滿意。

不要期待別人讀你的心

另一種倒垃圾的形式，發生在你期望別人懂你的心意時。比方說，在你講了一些壞消息之後，如果對方的反應不如你所預期，你可能會退縮、生氣，或者更糟的是，認爲他們根本不在乎你的死活。這是一種過度戲劇性的反應。也許別人一開始就錯失表示關懷的機會，或者沒有如你的期望，表現激奮之情，但他們並非漠不關心。

有時別人只是心裡牽掛著別的事情。也許他們的心思還沒來得及轉回來，你就開始滔滔不絕地講自己的遭遇。有時你得先這麼說：「我可以和你談談，分享一件讓我很興奮的事嗎？」同樣的，如果你在意某件事，希望別人專心聽你說，不妨這麼說：「我可以和你談談有點擔心的事嗎？你能夠騰出一兩分鐘的時間嗎？」諸如此類的請求，可以在你開口之前，先引起別人的注意。

當你有重要的事情想告知，讓人先有心理準備，可以提高彼此對交談成果的滿意度，且更富有意義。不要期待別人懂你的心，只要這樣想，便可消除你的挫折和失望，並且避免成爲垃圾車。

傾吐的注意事項

不用說，傾吐可以是正面的：把你的挫折說出來，能夠幫助你了解生活中什麼事情不對勁，需要加以處理。傾吐也爲你打開一扇機會之窗，聽聽別人不同的觀點，並且學習新的事物。但如果你發現自己不斷向人傾吐，便會陷入「經常感到挫折」，與「實際起而行動，改變狀況」兩者的夾縫之中。

走出挫折夾縫

關於過度傾吐，有兩件重要的事情你可以做。第一，你必須確定自己是不是控制了狀況。如果沒有，試著遵循垃圾車法則，並且讓困擾你的事情從身邊飛過。藉由每天練習，會更容易做到。每一次讓煩心的事情掠過，投入的情緒精力就會比較少，而且你會強化心理學家包美斯特所說的「自我調節肌肉」。

包美斯特的看法是：任何時候，每個人自我控制的能力就只有那麼多。因此，如果你為了回應瑣碎事情而筋疲力盡——任由垃圾車輾過你，以及倒垃圾在別人身上——那麼，用來處理要事的力量就會減弱。另一方面，越是遵循垃圾車法則，你的力量和持久力會增加得越多。

包美斯特和同為心理學家的佛賀斯（Kathleen Vohs）、泰斯（Dianne Tice）合著的論文〈自我控制的力量模型〉中提到：「每天都可以練習自我控制，例如……改變言語行為。」提高自我控制的好處有很多，而且十分重要。包美斯特在另一篇論文〈自我損耗與自我控制失敗：自我執行機能的能量模型〉中寫道：

自我控制能力強的人，在許多領域的表現都比較好：他們的學業成績比較好，飲食障礙和酗酒問題比較少，比較沒有精神病理和心理健康問題……他們的人際關係更好，也更穩定，也把自己的負面情緒管理得更好。

務請遵循垃圾車法則，不能控制的負向事情讓它就此飛逝，而將注意力放在真正重要的事情上。越是遵循垃圾車法則，你現在和未來的生活受到的正向影響就越大。

要走出挫折夾縫，你能做的第二件事是：如果你評估了眼前的狀況，確定你能影響它，那麼你有許多選擇。拿你可能在政策領域遭遇的一件事來說。先不要抱怨，而是想辦法弄清楚，你覺得特別生氣或者感到混淆的一項政策，及其決策背後的理由。用這種方式去處理你關心的事情。不管是國家大事，還是職場糾紛，大部分人談論和批判政治的時候，都會跳過這個步驟。在你真正了解問題之前，千萬不要讓你的第一情緒反應主宰一切，接著開始大肆批評。如果你仍然對自己的問題感到激動，那麼你可以打電話或者寫信給議員、捐款或者在代言團體擔任義工，或者教育和號召其他人來共襄盛舉，用令人尊重的方式表達你的立場。

獲得快樂的關鍵之一，是相信自己的人生有意義，以及天生我材必有用。知道你採取的行動是在支持你關心的事情——而不是無止境地吐苦水——會讓你感覺更好，並且獲得更多成就感。

因應抱怨的五種反應

如果你不提高警覺，傾吐有可能演變成惡意中傷和論人是非。如果你以牙還牙，訴諸同樣的惡劣手段，你很容易深陷其中。

警覺到自己正在發牢騷，或是在批評那些愛發牢騷的人，也是極爲重要的一件事。自以爲「正向」的人很容易發牢騷，指責「負向」的人。（這麼做到底有什麼正向呢？）不要這麼做，務必遵循我所說的因應抱怨的五種反應：

1 如果別人發的牢騷有其價值，幫助他們處理他們關心的問題。

2如果他們的抱怨是一時的，而且不要緊，設法轉移話題。

3如果他們堅持要抱怨，問他們是否需要吐吐苦水。只要問這個問題，就會讓他們慢下來。抱怨背後的情緒，也會有一部分被他們努力思考如何回答你的問題所取代。這也有助於分散他們的一些負向能量。如果他們同意發點牢騷，而且開始傾吐，務必洗耳恭聽。

4如果有人一而再、再而三地回頭針對相同的問題吐苦水，則設法引導他們找到問題的根源。

5如果有人對你的生活造成顯著的負向影響，務必設法委婉地讓他們知道：他們常發牢騷的行徑，已經傷害到你們之間的關係。如果他們不肯改變，只好盡可能疏遠他們。接著只要微笑、揮手，祝福他們。你得繼續往前走，他們也一樣。

總而言之，傾吐是有幫助的——只要你做得正確，而且沒有太過火，但是倒垃圾卻毫無助益。你應該多分享生活中有意義的事，不要往別人身上倒垃圾。

向垃圾車說不

這個星期，當你感覺自己就要開始倒垃圾時，務必喊停。問問自己：「我真的需要和人談一談嗎？」如果你的答案是yes，那麼請求對方准許你傾吐；不要以為別人有義務聽你講。

接下來，觀察一下你不再倒垃圾之後，人際關係有了什麼樣的改善。

25 你家的「向垃圾車說不！」空間

兩人勝過一人，如果一個跌倒，另一個可以把他扶起來。但孤單的人跌倒，沒有人把他扶起來。

——《傳道書》第四章第九至十節

一旦你向自己承諾，要厲行「向垃圾車說不！」，你就要盡你所能，伸手幫助其他人。你的另一半、父母和子女都應該覺得他們能和你談論任何事，你也可以對他們做同樣的事。如果你不能和家人分享生活中最好和最糟的事情，那麼還能和誰分享？不過，在分享時，千萬不要成爲垃圾車。

心理學家高特曼在他寫的《婚姻成敗的關鍵》一書中，談到他的突破性研究：「我們把每對夫婦花在吵架的時間和正向互動——身體接觸、微笑、讚美、歡笑等

——的時間製成圖表。整體而言，我們發現一段穩定的婚姻關係中，正向和負向數量之間存有非常明確的比率。」他研究數百對夫婦，得到的比率是五比一。「我們發現，只要丈夫和妻子之間正向的感覺和互動是負向的五倍，婚姻狀況便可能相當穩定。」事實上，高特曼在其後針對夫婦的三項研究中，能夠預測哪段婚姻關係最後將失敗或者成功。五比一的比率是個預測指標，準確率平均達九十一％。

當你宣告家裡是「向垃圾車說不！」的空間，等於設定了愛和溝通的明確標準。接收對方的垃圾於事無補，散播垃圾更會傷害每一個人。

家庭的共同語言

常有人問我，如何把家裡打造成「向垃圾車說不！」的空間。你要做的第一件事，是說服所愛的人：言行舉止不要像垃圾車，生活便會更加美好。但光是這樣還不夠。

你所愛的人必須自己願意轉變才行。他們不會因爲你說必須改變就改變——他們需要自己去看到光。你的家人若想要點亮自己的路，最簡單的方式，是每個人都拿著一支筆看這本書。讓他們自己去探索「向垃圾車說不！」的哲學。一旦他們看清有多少垃圾車不必要地干擾到他們的快樂，以及傷害他們的人際關係，他們就會做好準備，去深入學習。沒有人想要承受額外的負擔。當你關愛的人，曉得有辦法從垃圾車的重負底下鑽出來，他們就會想要學習「垃圾車法則」的詳細內容。

當你的家人從中體會到一些有益的見解——尤其是在他們思考過本書每一章最後的問題，並且回答之後——那麼全家人生活在「向垃圾車說不！」區就有可能成眞。

使用相同的語言，溝通起來更輕鬆。當你說「記住垃圾車法則」，或者「你好好告訴我工作上發生的事情，但不要像個垃圾車」，或者「我剛剛不該當垃圾車」，或者「嘿，我們來把車子倒退一下……這裡可是『向垃圾車說不！』區哦」，每個人都知道你在說什麼。

只要以輕鬆的方式喊出「垃圾車」，就可以提醒對方暫停下來，想想自己的行爲。當你思考「我怎麼會成爲一輛垃圾車？」這個問題時，就會打斷可能急轉直下的負向漩渦，並且重新開啓健康的對話。接著你們可以按下「重新啓動」對話鍵，談談你們各自重要的事情，卻不必承受垃圾的負擔。

當你承諾讓自己家成爲厲行「向垃圾車說不！」的區域後，可以邀請更多人和你一起體驗，也等於是擴大、強化這個區域。伸出手邀請朋友，是非常自然的下一步，因爲朋友相信你和他們分享的事情，一定對他們有好處。當你幫助他們生活在不受垃圾車擺布的環境裡，便是贈送他們一份厚禮。

向垃圾車說不

想想家人對你的深遠影響，以及你對他們的深遠影響。讓自己家成為「向垃圾車說不！」空間，對家人之間的互動，會帶來什麼改變？寫下你可以做的兩三件事情，幫助全家人厲行「向垃圾車說不！」。

26 面對人生最嚴酷的考驗

所有的人都有無上的力量、圓融的智慧、壓不住的歡樂。這些絕對不會受到阻撓，也無法摧毀。
——美國宗教大師休斯頓・史密士（Huston Smith, 1919-）

當你的行爲不再像是垃圾車，而專注於生活中美好、正確和公義的事物，你會更快樂，而且會讓這個世界更和善。如同前面提過的，你的「向垃圾車說不！」宣言給了你力量，去迎戰生活每天給你的考驗。

但如果有個生活考驗比你所曾想像的還要難，那該怎麼辦？

當你面對人生中最慘痛的問題時，生活在「向垃圾車說不！」空間會不會反倒使你一籌莫展？當疾病、創傷和死亡的魔手伸進你的生活中，你的「向垃圾車說不！」

宣言會不會不再適用？你人生中的某些事件，以及它們的後續影響，會不會使你的「向垃圾車說不！」宣言不再有意義？在你人生中最悲痛的時刻，「向垃圾車說不！」宣言還派得上用場嗎？

這些是很難回答的重要問題。任何人都逃避不了逆境。逆境會主動盯上你，而一旦被它盯上，就無法只是微笑、揮手，以及讓它從身邊掠過。

面對摯愛之人的生病和死亡

每一天，都有數百萬人必須和疾病、創傷、死亡搏鬥。面對重病和喪親之痛的家庭，多於我們所能想像。不少人承受著常人難忍的椎心泣血之痛。許多人無法熬過喪失親友的痛苦；他們只能學習和這些痛苦共處。庫伯勒-羅斯（Elisabeth Kübler-Ross）和凱思樂（David Kessler）在《當綠葉緩緩落下》一書寫道：「喪失摯愛之後的時光，是我們終其一生都不希望觸碰到的。悲傷、生氣和心痛就杵在自家門口，觸角伸向比我們的感受還要深的地方。」

我能夠體會喪失摯愛之痛。我常說，只要我們能和所愛的人在一起，再糟糕的事情也沒什麼大不了。但如果我們所愛的人被帶走，那會怎麼樣呢？當我們所愛的人罹患的疾病可能奪去他們的生命，那將發生什麼事呢？

勇敢的心

這麼多年來，我遇過許多勇敢的人，他們承受著人生中難以負荷的哀傷。他們在失去親友或者診斷出重病之後，很有可能被壓垮。他們起初的情緒反應都不是正向的，而這是情有可原的。在喪失摯愛或者得知罹患致命疾病後，他們經歷的種種情緒，都是你我料想得到的。但這些勇敢的人和別人不一樣的是，最後他們仍然主宰了生命中留下的東西。他們以自己的方式，活過心痛時刻，並且找到重返平靜和快樂之路。他們的例子說明了「向垃圾車說不！」的力量。

現在就來聽聽其中一人的故事。

向垃圾車說不

想像你有一天面臨人生的生離死別。親友可能生病或溘然長逝。你自己也可能生病。或許，你曾經或者正在面對生命中的悲劇。

想想看，「向垃圾車說不！」宣言可以如何幫助你面對生離死別。

27 琴的故事

當你陷入困境，所有事情都跟你作對時，千萬不要放棄，因為那很可能正是時來運轉的契機。

——美國反奴小說家史托（Harriet Beecher Stowe, 1850–1920）

三十七歲的琴·葛林包姆原本很幸福快樂。她和丈夫史提夫的婚姻幸福美滿，育有一對漂亮的子女——快要三歲的洛倫，以及再過幾個月就滿週歲的喬丹。琴有一份很棒的工作，在一家教育軟體公司擔任全國銷售培訓主任，可以在家工作，因此大部分時間都能陪伴孩子。

二〇〇五年一月四日，琴做了一年一次的身體檢查，包括乳房X光攝影檢測。接著，她在候診大廳等候檢驗結果。

寫著壞消息的表情

琴被請回診察室時，看到了她所說的那種「寫著壞消息的表情」。醫護人員要她進一步做超音波檢查，因爲他們發現琴的右乳房有些不對勁的東西。琴相當恐慌，打電話給史提夫。接著醫生進來，看了超音波檢查結果，琴曉得受到如此大陣仗的關注，情況可能不妙。醫生說，她的右乳房超過百分之九十已經微鈣化。並且立刻安排琴下個星期做穿刺活組織檢查。

琴做了穿刺活組織檢查，過程很不好受。但還不能完全確診，琴必須再做病理組織切片檢查，結果只發現癌前細胞的存在。可是醫生擔心情況惡化，建議她進行乳房腫瘤切除手術。

琴離開醫院回到家，看著兩個稚齡孩子，心裡想著：「爲了孩子，我願意做一切該做的事。」於是琴前往邁阿密看乳癌專科醫生。

該做什麼就做什麼

「你想做的事很荒謬，」醫生說。「你得乳癌的機率是零。」但是如果能夠預防癌前細胞轉變成癌細胞，琴願意做乳房切除術。專科醫師化解了琴的疑慮，但她自己並不滿意。

琴又請教另一位頗負聲望的外科醫師。這一次，他們取得協議：若醫生執行乳房腫瘤切除術時，發現有任何組織可能有問題，琴准許他做任何該做的事，包括立即進行乳房切除手術。琴告訴醫師：「把我想成是你太太一樣地照顧我。」

二〇〇五年四月二十七日，琴在執行乳房腫瘤切除術之前，最後一次看外科醫師。她從皮夾裡掏出兩個孩子的照片給醫師看。「這就是你必須好好照料我的原因，」琴說。

琴手術後醒來時，嚇了很大一跳。沒錯，她很清楚自己已經准許醫生一發現任何有問題的組織，就切除她的乳房，但當她目睹乳房眞的不見了，還是十分震驚。不過一想到兩個孩子，就又覺得很慶幸，「爲了和他們在一起，做什麼我都甘願」。

繼續往前走

琴享受著一生當中最美好的夏日時光。切除乳房已經超過一年。「我整個人飄飄然，」琴說。她不曾那麼感激有家人作伴，也覺得自己重新掌控了生命。一年前，她做了大膽的決定，以確保自己的健康。現在她再快樂不過了。

檢查

二○○六年九月，琴去看醫生，做一年一度的乳房X光攝影檢測。她心情相當輕鬆，就像她告訴我的：「這是小事一樁。一年前，我已經處理好一切事情了。」不過，還有一件事她沒有料到。

看診之前，琴就感覺腋下怪怪的。她不認為那可能是癌。怎麼可能是癌呢？她都已經切除乳房組織啦。雖然琴相信自己已經小心維護健康了，看診時仍主動提到這件事。醫護人員也認為大概沒有什麼，但為了保險起見，還是做了超音波檢查。

琴像一年前那樣躺在診療台上，超音波技術員等到琴舒適放鬆後，開始執行必要的程序。技術員看著螢幕，遲疑了一下，轉頭看琴。

琴懂得那樣的表情——壞消息又來了。那個腫塊摸得到。兩天後，動手術之前，琴又拿出一組新的家庭照片給護士、麻醉科醫師和外科醫師看。

又是那種表情

幾個鐘頭過後，躺在恢復室的琴醒來了，但麻醉藥還沒退，整個人昏昏沉沉的，卻故作輕鬆地說：「醫生，我們需要爲我先生找個新太太嗎？」沒有人笑得出來。「我再次看到那種表情，」琴告訴我。「那種表情太熟悉了。」醫生只說：「我們必須做更多的檢查，不過看起來像是癌。」

一個星期後，琴坐在學前音樂教室的地板上，和喬丹玩遊戲。她的手術傷口仍然疼痛。就在這個時候，她接到一通電話。是醫生打來的。琴請他等一下，她要到外面接聽。她給了喬丹一片餅乾，讓他坐在台階上，然後取出紙和筆，坐在兒子旁邊。

爲什麼是我？

原來琴得了侵犯性乳癌。儘管之前切除了乳房，她腋下的副乳組織還是發現癌細胞。琴必須再次開刀，而且連續七週每天都得做放射線治療。當她聽到這個消息，「我整個人都慌了，」琴說。「我看著喬丹安靜地吃餅乾，心裡想著，『誰來照顧這個孩子？』聽起來有點不著邊際，但那是閃過心頭的第一道念頭。『誰來愛我的孩子？』這是我最悲傷的事情——沒辦法看著孩子長大。」

琴再度動手術，切除淋巴結。幸好手術做得很乾淨。自此以後，她的生活離不開檢查和各種療程，但她說：「有人或許會抱怨：『爲什麼是我？爲什麼是我？』不過，這個問題對我來說其實是，『爲什麼我運氣那麼好，能夠那麼早發現？』」

經歷負向情緒

琴最擔心的是能不能陪著孩子長大。但是她和孩子在一起的時候，總是保持正向情緒。他們年紀太小，無法理解母親所經歷的事，而且琴最不想看到他們難過。但這並不表示琴沒有負向情緒。她在淋浴時，有好幾次「痛哭失聲」，她說，「那段時間很不好過。你本來過著健康快樂的生活，卻一夕之間變了調。所以我會在浴室裡好好哭上一場，盡情宣泄，然後走出浴室，感受迎面而來的清涼空氣，對自己說：『行了。我好了。繼續往前走吧，我一定能戰勝它。』」

悲痛中的歡笑

琴和史提夫在這段期間，仍試著保持幽默感。這樣的變故，本來會讓他們終日憂心忡忡，他們卻選擇用笑聲來度過。

一天晚上，我對史提夫說：「我想吃披薩，我們叫披薩來吃吧。」

史提夫說：「冰箱裡還有那麼多吃的，爲什麼要叫披薩呢？」

我說：「我得了癌症。我想吃披薩。」

史提夫盯著我，然後說道：「既然你抽到『癌症特權卡』，你想吃，我就去叫。」

我趕緊說：「喔，不。我怎麼可以浪費掉這項特權。我應該要求你整修廚房，或者買鑽石項鍊給我，想不到我竟然那麼呆，只要一客披薩！」

我們笑了又笑。

琴和史提夫能夠適當地轉換情緒，正好說明了研究喪親之痛的心理學家波納諾（George Bonanno）在他的著作《悲痛的另一面》中所描述的，從悲傷到正向心態之間的一道「開關」。

我們並沒有想到在悲痛之中，竟能找到歡樂，甚至笑聲，但當我們找到，卻有其道理，而且感覺變好，即使那是短暫的……這些正向心態，不只幫我們排除悲傷，也使我們和身邊的人重新連結。笑聲對旁人具有感染力……笑聲會使別人好過一些，並且把他們拉到我們身邊，酬賞他們願意不離不棄，和我們度過這些難熬的時光。

病魔不過是垃圾車

當琴得知自己罹病，當然會焦慮不安，卻不讓它阻礙自己和所關心的每一個人建立正向關係。她要每個人爲她加油打氣，並以一切可能的方式幫助她。琴的想法是，當她集中心力，想辦法讓身體好起來，以及好好照顧家庭的時候，何必無事生非，打壞她和其他人的關係。她的正向態度，有助於確保她得到最好的治療。你必須爲自己的健康著想；當你不接受別人丟垃圾給你，造成負擔，也不亂丟垃圾給別人，對自己最有好處。琴這麼說：

任何人知道自己得了癌症都會心慌意亂，這是在所難免的。診斷可能要花上好幾個星期。對未知的恐懼，遠比已知的災難還要難應付。「向垃圾車說不！」的心態很有幫助，能夠指引我們走過困難的時光。第一，它提醒我們，沒錯，我們的生活中的確有無法控制的垃圾。這一點很重要，因爲癌症患者往往會覺得是自己招惹來的（我是不是吃錯了食物？運動得不夠？），但這種負面想法毫無幫助。

第二，務必專注於重要的事情。沒錯，癌症是垃圾；沒人警告你，就把它倒到你身上，對你的生活造成沉重的負擔。但它提醒我們，要尋找生活中的美好事物，不要只看壞事情。把它們當成垃圾車，我們就不會失去快樂，即使交手的對象是像癌症那麼可怕的東西。

「向垃圾車說不！」，使你保持心智清明。當你面對人生最大的考驗時，你經不起浪費精力在不重要且讓人分心的負向事情上。你必須注意重要的事情。以琴的例子來說，雖然她尋找正向的事情，也感謝生命中擁有的美好事物，卻還是時時保持警戒，留意自己的健康狀況。事實上，要是琴忽視腋下那顆豌豆大的腫塊，並且沒向醫生提出，可能便不會及早發現癌細胞。

粉紅的力量

琴在二〇〇七年一月結束放射線治療。兩個星期後，她加入乳癌防治組織，盡自己的一份心力。

我很感恩，想要爲其他需要幫助的婦女做點事。我辦活動、募款，後來我和葛曼合作，舉辦了一場教育性的意識喚醒行動，我們稱之爲「粉紅的力量」。直到今天，這個活動的影響仍然令我驚訝不已。因爲有些女性告訴我：「因爲你辦這個活動，我才去做檢查，提早發現癌細胞。謝謝你。」

家人和朋友的支持

琴也教我們一件重要的事，那就是以你的正向能量，盡量爭取家人和朋友最多的支持。你會想要吸引人們到你的身邊，而不是趕走他們。即使身處於困境，如果你能讓他們覺得自己對你的健康和快樂有所貢獻而感覺良好，他們就會和你繼續維持關係。相反的，如果你不斷拖他們下水，同事會開始敬而遠之，朋友會陸續離去，到最後連家人都會對你的負面情緒、態度和行爲感到厭倦。琴給我們這樣的建議：

你本來可能有非常要好的朋友，但是一段時間過後，他們一定不喜歡你老往他們身上倒垃圾。

他們固然關心你，卻也希望你是一個懂得體貼的朋友。我們很容易放大自己的「天啊，我得了癌症」。其實每個人都有不同的難題和考驗。最後該由誰來做裁判，看看哪件事情比較糟？這是沒得比的。

又一個挑戰

琴的生命故事，提醒了我們「向垃圾車說不！」的重要性。

我再度處於「觀察期」，因爲又摸到新的腫塊。「癌症垃圾」可能會一直跟著我，但我不要讓恐懼主宰生活。我很感激我擁有的一切——我的丈夫、孩子、家人和朋友——我是個快樂、感恩、主動積極的另類癌症病人。

向垃圾車說不

琴接受了癌症的存在，雖然不免有些憂慮，仍然抱著正向心態。

你是不是正在擔憂或者關心某件事，而那件事可能永遠不會完全消失？這個星期，注意你憂心的某件事對自己的心情和行為舉止產生的影響。它如何害你不自覺地接收和傾倒垃圾？

看清楚自己在擔心什麼，不要讓它害你成為滿載負向情緒的垃圾車。生活中的確有一些事情令人擔憂，但你可以決定要怎麼過生活。

28 眞誠，並不是任性

宛如鳥兒，飛行途中，暫棲纖細欲斷的枝椏，但她仍然歌唱，因為知道自己有雙翼。

——雨果（Victor Hugo, 1802–85）

如果受苦受難的人，認爲自己可以任意行事，爲所欲爲，他們的人生會如何？即使我們自己有權放縱自己，但我們願意給身邊的每一個人相同的權利嗎？我們樂意讓家人、朋友、同事和陌生人，以他們認爲「正當」的理由，往我們身上倒垃圾嗎？

相信自己有資格痛扁世界，只會招來世界的反擊。

狹隘的觀點

當你用狹隘的視角，緊盯自己的痛苦，就會覺得有理由把自己在乎的事情丟給別人。你會對自己說：「如果我不耐煩、脾氣暴躁、動不動就開口罵人，或者過度負向，那又怎麼樣？沒錯，這樣很糟糕。可是當人生送給你巨大的垃圾車，難免會發生這種事。」當你用這種有限的觀點看世界，就看不到行爲像垃圾車，將如何害人害己。

當你的痛苦大到難以忍受，你很容易合理化自己的不良行爲，但是你能接受所有人都拿個人悲劇作爲不良行爲的藉口嗎？

雖然你可能希望別人能忽視你的不良行爲，或者願意包容你，卻無法控制他們的反應。即使是最親近的人也一樣。他們可能遵循垃圾車法則，大方地對你的某些行爲視而不見，但他們也有可能不遵循這個法則。有一件事很肯定：每個人對於接收別人多少垃圾，有一定的門檻。你周遭的人遲早會受夠你的不良行爲，不管你的損失有多悲慘，或者你的痛苦有多深沉。他們絕對不會給你一張自由通行證，讓你肆無忌憚，全然不必理會別人的感受。

寬廣的觀點

箇中的關鍵是用你生活中更爲寬廣的觀點，去看你的人際關係。要是你失去摯愛、朋友，或者發現某人罹患重病，你一定難以承受，那麼，何苦要在你仍然擁有他們的時候，折磨你那麼關愛的人？向生病或者已經過世的摯愛致意的最好方式，是過著能夠體現他們精神的生活。遵循垃圾車法則，便有可能做到這件事。

當你寬宏大量，不把別人微不足道的錯放在心上，你會更加仁慈、有耐性和寬容。不要批判別人，一如你希望他們不要批判你。當喪失摯愛之痛，促使你同情可能和你承受同樣痛苦的人，你便走在正確的路上。

「眞誠」的意義

有人會說，在人們最低潮的時刻，要求他們「向垃圾車說不！」，根本就不切實際，也很不眞誠。如果你想要抓狂，就應該抓狂。如果你難忍悲傷，就應該悲傷。如果你不免消沉，就應該消沉。說到這個，就該好好探討「眞誠」的定義。

認爲我們應該屈服於第一情緒之下，這種觀點未免過於短視。所謂眞誠，並不表示只要一有情緒，就扣下行爲的扳機。「在你經歷重大的失落之後，對身旁所有人發火」，或者「你願意對那些在生活中承受嚴酷折磨的人表示同情」，何者比較眞誠？人的情緒複雜多樣。有時一件事情發生之後，我們感受到的第二和第三情緒，和我們的第一反應比起來，更能展現我們的善意。

「任令自己本能式地自動反應，卻不去思考其他選項，會帶來極大的風險。」加州大學洛杉磯分校的共同院長，也是《抱持正念的大腦》一書的作者西格（Daniel Siegel）說：「結果往往引發其他人類似的無意識反射動作。一層又一層不斷強化的無意識行爲，最終形成魯莽、殘忍與毀滅的世界。」

決心厲行「向垃圾車說不！」，有助於你選擇如何回應自己的感覺，以及你可以如何用正面的方式對待別人。

箇中關鍵在於你清楚知道什麼事情對你最重要。當你明白自己在生活中扮演的角色，而且你對於自己能夠扮演那些角色心懷感恩，就會知道該對自己有什麼樣的期許。

在你接下來的生命中，可能有些時刻，難以承受失去摯愛的悲痛，或者憂慮某個罹患重病的人。尊重這些情緒，而且務必明白會有這些情緒十分自然，也早在預料之中。你不應該否定這些情緒——它們是你的一部分，但不能任由它們左右你。

雖然你的痛苦有時難以承受，心理學家波納諾的研究提醒我們，悲痛的強度會隨著時間而減弱。你的痛苦會因為生活中其他領域的快樂而打斷，喪失摯愛之痛會日漸淡化，不再那麼沉重。

不過，如果你的痛苦持續不斷，那就必須尋求協助。去找你需要的支持，去看精神科，去尋求心靈指引。即使在你最黯淡的時刻，也有人能夠拉你一把。你只需要開口請求幫忙，而且願意接受就行了。去做對你有用的任何事情。你值得過更美好的人生，而這在你力所能及的範圍內。

向垃圾車說不

注意一下，你對那些困擾你的人和事，有什麼樣的反應。你是不是用狹隘的眼光去看眼前的狀況，行為像是垃圾車，而且為自己的負向行為找藉口？或者你用寬廣的眼光去看眼前的狀況，並且先考慮過相關的每一個人，才試著有所反應？

這個星期，下定決心，在下一次有人惹得你心煩意亂的時候，避免根據負向情緒而行動。先想想和那件事有關的每一個人，在考慮更為周延，並且產生真誠的正向情緒之後，再採取行動。

29
你，可以讓自己更快樂

即使是聰明人，也不該恥於學習，而且務必敞開心胸。
——古希臘悲劇作家索福克里斯（Sophocles, 496–406 BC）

在我擔任作家、演說者和研討會主持人的職涯期間，見過世界各地許多人，聲稱他們難以改變。他們說，厲行「向垃圾車說不！」太難了，超出他們的能耐。如果你或者你認識的某個人有這種想法，我有好消息告訴你們。科學已經證明恰好相反。你是可以改變的。你可以讓自己更快樂。

心理學家柳博米爾斯基和謝爾頓（Ken Sheldon）、施卡德（David Schkade）共同研發的「永續快樂模型」，說明你不需聽命於基因，你可以左右自己的快樂。

柳博米爾斯基和她的同事發現，「每個人之所以快樂程度不同，其中只有五十％的差異和基因有關」。這些學者同時發現，「其中只有十％的變異，可由生活狀況——也就是我們是富或貧、健康或者不健康、美麗或者普通、已婚或者離婚等等——的差異來解釋」。

所以這表示，如果每個人都有相同的基因和生活環境，仍然有整整四十％的快樂程度，是由自己所做的選擇造成的。而且，如果你和我一樣相信我們有辦法改善自己的生活狀況，就能把控制率提高到將近五十％。這真是叫人振奮的好消息。

我寫《垃圾車法則》這本書，就是要幫助你從你的五十％得到最多的東西。

向垃圾車說不

若你希望生命中的某個部分變得更好，你就必須付出努力。知道自己有機會改變，也就是說，當你厲行「向垃圾車說不！」，將幫助你更上一層樓、幫助你支持別人。你有什麼想法呢？寫下來吧。

接下來，我們要把「向垃圾車說不！」宣言，從家庭擴展到職場。
如果你能夠這麼做，很可能透過工作上直接或間接的來往，
影響上百人，甚至上千人。
事實上，世界各地已經有很多人在這麼做了。
你不必是總裁或者執行長，也能在公司發揮影響力。

第八個承諾

建立「向垃圾車說不！」的工作環境

30 在職場厲行「向垃圾車說不！」

和別人一起做的每一項行動，都應該對參與的人表示尊重。

——華盛頓（George Washington, 1732–99）

想想每天和你互動的人有多少。你和多少人一起工作？有多少人走過你的工作間或者辦公室？有多少人來到你的商店？你拜訪多少人？你參加多少次會議？支援多少顧客？你收發多少電子郵件？你打出和接聽的電話有多少？想想看，每一天都要接觸這麼多人，當你決定在職場厲行「向垃圾車說不！」，將對許多人產生直接且正向的影響。

情緒感染

如果你和我一樣，相信日常生活中有漣漪效應——也就是一個人與A的互動，會影響A與B的互動，然後B會影響C，依此類推——你就會了解，我們在這個世界選擇的行動方式，對其他人負有很大的責任。科學家把這種漣漪效應稱作「情緒感染」。

心理學家哈特斐德（Elaine Hatfield）、卡丘坡（John Cacioppo）和雷普森（Richard Rapson）在合著的《情緒感染》一書中，提出令人信服的證據，「⑴人傾向於模仿他人；⑵情緒經驗會受到這種回饋的影響；以及⑶人因此傾向於『捕捉』別人的情緒」。三位學者明白表示，別人會以情緒影響我們，我們也會以情緒影響別人。這些發現提醒我們，不要散播不必要的負向情緒給別人，同時顯示了在職場厲行「向垃圾車說不！」的重要性。

三度影響力

社會學家及醫生克利斯塔吉斯（Nicholas Christakis）和他的同事、政治學家佛勒

（James Fowler）發現，我們的行爲會在三度生活圈內影響他人。兩位學者把這種現象稱作「三度影響力法則」，簡單地說就是：「我們所做的每一件事或所說的每一句話，往往在我們的人脈網掀起漣漪。」當你細想自己每天和多少人互動，你便會明白自己擁有力量，每天影響成千上百的人。克利斯塔吉斯和佛勒合著的《連結》一書提到：

> 即使限於三度，我們對他人的影響程度也十分驚人……比方說，你有二十個社交接觸點，包括五個朋友、五個同事和十個家人，而他們每個人又有數量相近的朋友和家人……這表示，你在二度區隔理論（two degrees of separation）中，和四百個人間接連結。但是你的影響不限於此：它會再進一步，連結到這些人的朋友和家人，在你的三度圈子裡，產生了總數二〇×二〇×二〇，亦即八千個人的間接連結。

知道我們會和那麼多人連結，就得讓其他人成爲我們正向能量的載體，而不是背負我們負向能量的垃圾車。無禮的言行嚴重傷害職場的生產力，我們必須在職場厲行「向垃圾車說不！」。

職場上的無禮行爲

《不良行爲的成本》一書的兩位作者、管理學家皮爾森（Christine Pearson）與波拉斯（Christine Porath）指出，九十六％的勞工在職場上曾遭遇無禮的言行；八十％相信無禮會造成問題；六十％因爲職場的無禮而倍感壓力；四十八％在工作上一個星期至少遭遇一次無禮的言行；七十五％對公司處理無禮的方式感到不滿。更嚴重的是，九十四％的員工會報復冒犯他們的人，八十八％會報復自己的組織。

人會被粗魯的行爲影響情緒，導致生產力降低。皮爾森和波拉斯指出無禮造成的經濟負擔：「單單無禮的可衡量成本就十分巨大了。例如工作壓力使得美國公司一年負擔三千億美元的成本，其中不少源於職場的無禮。」此外，遭遇無禮對待的人，有九十四％談到他們和其他人的負向接觸。皮爾森、波拉斯和學者安德森（Lynne

Andersson）在他們合著的論文〈評估和解決職場的無禮〉中，做成結論說：「若是忽視無禮的事件，則遭到無禮對待的人會受到傷害，無禮之人會顯得猖狂，組織則承受損失。」簡單地說，無禮是擴大職場上垃圾循環的重要因素。

負向激發者

任教於密西根大學的心理學家，同時也是正向組織研究中心的創辦人凱莫隆（Kim Cameron）在他寫的《正向領導》一書中，探討「負向激發者」對組織造成傷害性的影響。他寫道：「負向激發者損耗別人的良好感覺和熱情。他們削弱別人的力量，讓人元氣大傷。負向激發者喜歡批評、缺乏彈性、自私自利且難以信賴。」

建立你的「向垃圾車說不!」原則

接著我們要問的問題是：你可以如何擺脫垃圾車的不當影響？你如何讓別人知道，你正在厲行「向垃圾車說不!」？如果你沒有下屬，如何散播這方面的資訊？以下有個真實案例：

塔瑪拉在公司負責處理殘障保險給付申請並管理殘障案例。二〇〇六年，她開始在工作上厲行「向垃圾車說不！」：

有個顧客很難纏。她的要求並不過分，但是態度相當輕蔑不屑，令我受不了。我很想幫她忙，但她的反應，每一次都讓我感覺很差。當我得知「垃圾車法則」之後，我決定每當這位顧客打電話來，一定要在心裡微笑。我會這麼想：「好吧，有一輛垃圾車正朝我衝過來。」那就像是只有我才懂的笑點。我變得更容易傾聽這位顧客的要求，而不去注意她用什麼方式。想法一改變，情況就有很大的不同。

我也開始和同事分享垃圾車法則。我用電子郵件轉寄給他們，許多人都很感興趣。我也傳給我的主管參考。

每個月，垃圾車法則會在我們的職務溝通中出現幾次。我們談到工作上遇到的困難，並且彼此提醒，說這是練習垃圾車法則的絕佳狀況。當我接到氣沖沖的顧客打來的電話，我會對同事使眼色說：「練習垃圾車法則的機會來了。」這成了工作中很有趣的一部分。我們這個部門所面對的顧客，往往是飽受驚嚇、有病在身、怒氣沖沖，或是面臨重大變故的人。有些人會拿我們出氣，所以我們練習垃圾車法則的機會很多。我們的辦公室有一項共識，就是我們會彼此支援，而不是互相傾倒垃圾。

塔瑪拉的經驗說明了，當辦公室裡的人都願意厲行「向垃圾車說不！」，就可以彼此信任，用深思熟慮、相互尊重和合情合理的方式溝通。

表露挫敗的情緒是很自然的行爲，如果不將挫敗轉化爲不良的行爲，傾倒在同事、顧客和主管身上，挫敗甚至具有建設性。其中的關鍵，是在不成爲垃圾車的情況下，和其他人談談你所在意的事情。

散播訊息

我在雅虎擔任學習與發展主任時，會把自己喜歡的書放在辦公桌上，讓別人看到。如果我真的喜歡一本書，我就會借給別人去看，如果有人想要的話，就送出去。這些書都和我希望傳達的某個訊息，或者我正在領導的某個行動方案有關。有時我發現，借重別人的文字，更容易將我的訊息傳播出去。直到現在我都會這麼做。

在工作上厲行「向垃圾車說不！」並不難。每個人在日常生活中，都和垃圾車法則脫離不了關係，所以很容易對這個法則產生共鳴。把這本書放在你的案頭，看看會引發什麼回應。

向垃圾車說不

想想貴公司有哪些重要人物。

厲行「向垃圾車說不！」，可以如何幫助你促進和這些重要人物的關係？你和這些人的互動方式，將有什麼不同？

31 領導人如何「向垃圾車說不！」

成功的祕訣在於堅定有恆地追求目標。

——英國作家及前首相迪斯雷利（Benjamin Disraeli, 1804–81）

每個人都能在職場厲行「向垃圾車說不！」。你可以做出選擇，也一定辦得到。你不需要獲得許可。不管你的工作是什麼，都能夠爲貴公司帶來改變。

如果你現在是貴組織的領導人，或者將來會升爲領導人，能做的事就更多了。你可以釐清組織或部門的目標角色與責任，包括良好的策略性規劃、有效的目標設定、適才適所的任務調整、適當的訓練、適時的溝通、思慮周延的獎酬計畫，以及和部屬經常聯繫。你也可以敲定某些事情絕無磋商的餘地。你可以宣告：經常表現得像個垃圾車是無法接受的。因爲我們都知道，垃圾車對業務的執行有不良的影響；垃圾車會危害人際關係，而且會令我們分心，無法善盡職責。

辯論而不是爭執

提醒貴組織的每一個人，讓他們知道，你們可以在遵循「向垃圾車說不！」的原則下談論任何事情。這是很重要的一件事。你們可以互相爭辯、面紅耳赤地堅持己見，甚至攻擊別人的想法，只要對事不對人，不做人身攻擊就行。也就是說，所有人要同意只能進行我所說的「生氣蓬勃的辯論」，而不是針鋒相對的爭執。

生氣蓬勃的辯論是就事論事。將每個人的構想攤開來，運用智慧，熱烈討論，直到找到解決方案爲止。相反的，爭執往往淪爲人身攻擊；一旦變成人身攻擊，就會激發出人類最基本的防衛本能，將焦點放在保護自己，而不是討論事情。人與人開始爭執之後，就會想盡辦法攻擊對手本身，而不是反駁他們提出的見解。

溝通方式

如果你們事先就決定好怎麼討論，辯論的規則便很簡單。先花點時間談談溝通的方式，將有助於將溝通重點放在談話內容，而不是與會者的個人特質。務請記住：每個人都能以不同的方式表達自我。有的人興奮時，音量會提高。有人認爲，靈感是吵出來的。有人喜歡打開天窗說亮話，讓人覺得不講情面。有人喜歡保持冷靜，溫和地提出批評，而且認爲過多的衝突很容易淹沒好構想。

在民主體制下，不管是國家或是職場，都需要給別人機會，讓他們能夠公開且熱情地表達自己。我們只需要在這麼做的時候，尊重彼此就行了。

前南非總統曼德拉在自傳《漫漫自由路》中提到一個故事，提醒我們：我們可以和別人意見相左，卻不必讓人覺得是在鬧意氣。他在描述前美國總統老布希時說：「你跟他吵完後仍舊會想跟他握手。」

耶魯大學法學教授卡特（Stephen Carter）以相同的精神，省思美國的民權運動「希望擴大美國的民主，而不是摧毀它……無禮的對話對民主運作無濟於事」。

卡特在他寫的《文明：風度、倫理與民主儀典》一書中，敦促我們開放溝通管道給每一個人，包括和我們意見不同的人：

我們越是情緒激昂地認定自己是對的，越迫切需要講究禮儀——否則我們就不可能展開對話，而展開對話，正是民主制度一開始就重視不同意見的原因。

霸凌傳染病

霸凌是職場生態最糟糕的行徑之一——職場霸凌學會（Workplace Bullying Institute; WBI）和民意調查公司佐格比國際（Zogby International）於二〇〇七年所做的一項調查，凸顯了這個問題的嚴重性。WBI的創辦人納米夫婦（Gary and Ruth Namie）估計，有五千四百萬個美國人曾經在工作上遭到霸凌。WBI二〇〇三年的調查發現，霸凌造成的影響十分巨大：九十四％的受霸凌者患有嚴重的焦慮，八十四％出現睡眠障礙，八十二％注意力不集中，八十％煩躁不安且容易受到驚嚇。此外，還有許多人因此承受壓力、頭痛、身體疼痛和憂鬱之苦。

納米夫婦發現霸凌傳染病更叫人憂心的是：當「受霸凌者」（像你我這樣的人）把他們的遭遇向公司報告，有十八％的公司問題更爲嚴重，四十四％的公司則袖手旁觀。

這就是爲什麼在組織裡推動「向垃圾車說不！」如此重要的原因。我們需要明白表示，我們無法接受無禮的行爲，尤其是霸凌。建立「向垃圾車說不！」空間，就像執行零可能性政策——透過教育人們不要像垃圾車，而減少不良行爲。厲行「向垃圾車說不！」，也對零容忍政策有助益，也就是每個人都必須爲傾倒垃圾負起責任。

第一步

培養組織中團隊成員之間的信任，是領導人最重要的職責之一。領導人要讓員工認爲他們了解工作規則，而且這些規則公平適用於每個人。領導人要讓員工相信，組織會照顧他們的利益，而且團隊成員也會給予支持。

雖然領導人必須負責設定績效和行爲方面的期望，像是如何應對顧客、供應商、合作夥伴，以及其他同事，但最好是在員工共同參與的情況下，塑造正向的工作文化。當工作規則攸關員工的權益時，他們遵循和執行那些規則的意願才會提高。請員工協助，推動「向垃圾車說不！」，是強而有力的第一步。以下說明它如何運作。

請團隊成員一起討論，什麼樣的情況和感受，就是在倒垃圾或收垃圾。哪些行爲被視爲是對團隊倒垃圾？談談這件事。確認什麼樣的行爲超過了界線，以及什麼行爲是可以接受的。談談有人傾倒垃圾的時候，是什麼樣的感覺，以及避免倒垃圾的感覺有多好。請團隊成員允許彼此在傾倒垃圾的時候，用尊重而溫和的語氣，呼喊對方走出來。而且，要確定每個人都了解「傾訴」（需要得到別人的准許，並且選對時間）和「傾倒」之間有所不同。

幫助團隊成員確認什麼時候應該讓垃圾車開走，也是很重要的一件事。我們總是需要和顧客、供應商、合作夥伴、其他部門的員工互動，而且這些互動得用正確的方式去處理。別人說的話，不一定都要回應，有時甚至最好不予理會，以便將全部心思集中在解決問題上面，而不是浪費時間去計較微不足道的枝枝節節。把最明顯和最常見、不需要回應的挑釁行爲列舉出來，對每個人都有幫助。當團隊成員進行這些典型的互動時，重心會更穩固；他們的感覺會更好，做事會更有效率；他們會以更爲正向的精力回饋團隊；而且他們會讓顧客、合作夥伴、其他部門的員工更爲滿意。

値得的投資

有些領導人害怕開啓這一類的討論，因爲擔心部屬的反應。部屬會公開參與嗎？他們會彼此支持嗎？他們會承諾在問題發生時加以處理嗎？領導人想知道，是不是值得花那麼大的力氣去討論「溝通」這件事。

根據我對組織領導人提供的諮商服務，以及我本身擔任領導人的經驗，我確定如果領導人眞心誠意，而且努力做好後續追蹤的工作（一時興起的行動方案很少得到讚賞），團隊成員對領導人的提案便會有正向的回應。團隊成員若缺乏共識，就得耗費大量時間和心力，不斷地滅火、解決負向互動。因此，還不如一開始就共同推動「向垃圾車說不！」。「共同的價值觀會以有效率的方式，規範群體的行爲，」心理學家彼得森（Christopher Peterson）在他的著作《正向心理學入門》中提到，「因爲它明確闡述一條廣泛適用的通則，因此群體成員不需要重新設定標準，或是爲自己找理由。」

八個步驟

身爲厲行「向垃圾車說不！」組織的領導人，你必須遵循八個步驟，以確保團隊成員實踐「向垃圾車說不！」的承諾。前六個步驟一個也不能少，必要時才走最後兩步。

一、設定期望目標，確定每個人都一清二楚。

二、問每一位團隊成員是否都了解期望目標；如有任何不明白之處，務必進一步詳細說明。

三、領導人本身的行爲也需要和期望目標一致。

四、當部屬表現出與期望目標一致的行為，應該加以認可和表揚。
五、當部屬未能達成期望目標，務必坦誠、直接地提出意見。
六、如果團隊中有成員難以達成期望目標，則予以特別培訓。
七、將團隊成員調往更容易達成期望目標的職務。
八、如果員工不能達成期望目標，則允許他們辭職，或者予以遣散。

若是你已經遵循前六個步驟還不能成功的話，不得已只得祭出第七個步驟，我想部屬應該不會驚訝才對；他們會了解，調職是你在終止雇用之前，所餘唯一的選擇。如果非走到第八步不可，員工也會知道他們的行為舉止無法讓人接受，除了讓他們走路之外，別無他途。你的目標是讓組織在「向垃圾車說不！」的原則下蓬勃發展——因此，在這個區域內，不允許有人經常收垃圾或倒垃圾。

良好回饋的四個關鍵

你如何提供意見給員工和團隊成員，攸關人際關係的成敗至巨。如果你作法得當，人際關係會十分良好（當你表現出體諒之意、提供支持和坦誠的回饋，部屬會很感激你）；但若是一步踏錯，你的人際關係會變得很糟（你會被視爲垃圾車，總是傾倒毫無根據、有欠平衡和不公平的批評到別人身上）。

也請記住，部屬會希望你出自深思熟慮才讚美，而且讚美得有根有據。沒有人喜歡空洞的奉承。提出值得讚美的證據，才會顯現你所說的話發自眞心，並且向部屬傳達了你所重視的價値。

在厲行「向垃圾車說不！」的組織中，良好的回饋有四個關鍵：

一、請求准予分享回饋。你一定會得到准許，而且由於你以尊重的態度請求准許，將有助於部屬把注意力放在回饋的內容上。

二、簡短說明你對某位部屬的績效或者行爲抱持的期望。

三、客觀描述所發生的事情。如果有其他人能夠證實你所看到或所聽到的，你傳遞的訊息會更強烈。

四、說明部屬的行為或者事件造成的影響。產生什麼樣的結果？詳細說明為什麼這件事很要緊。

你提供的回饋必須來得正是時候，有事實作為依據、相互平衡，而且出自善意。你當然希望團隊成員能達成你的期望。你希望自己的意見能被他們接納，而不是斥為垃圾。而給予具有建設性和生產性的回饋，是團隊成員對你的期望。

身為領導人，設定你對部屬的期望，而且持續敦促部屬達成期望，這些既是你的職權，也是你的職責。由於有那麼多事情需要注意，所以你必須使用高效率和高效能的溝通方式，並且提醒每個人，應該如何對待彼此和如何一起工作。你所重視的價值，必須讓部屬時時清楚明白。

向垃圾車說不

這個星期，做三件事。

先回答這個問題：如果你集全體成員之力，把貴組織量身打造成一個「向垃圾車說不！」的工作環境，整個團隊會得到什麼樣的好處？

接下來，找時間表揚你不曾適當表揚的某個人。你的讚美必須相當明確。請遵循良好回饋的四個關鍵。

有憑有據地讚美部屬，感覺如何？

另外，花點時間處理在工作上沒有達成期望目標的某個人。務必遵循良好回饋的四個關鍵，明確地提出意見。

當你提供適時、合理和從事實出發的回饋給組織中的成員，便是實踐了「向垃圾車說不！」。

32 在組織推動「向垃圾車說不！」

最重要的是：不要一直待在夢裡、把想做的事放在心上，而是要全力實現。
——德國詩人里爾克（Rilke, 1875–1926）

我寫《垃圾車法則》這本書，爲了要幫助讀者改變有關快樂、成功和人際互動的想法。單單學習如何傾聽、給予回饋、有效解決衝突、應付棘手的人還不夠。雖然這些技巧很有價值，但若要對組織造成影響、引發眞正的變化，就要喚起更深層的覺察。我們必須訴諸彼此的人性面，了解行爲像垃圾車會傷害整個組織，使得工作不再那麼愉快。正向心理學的研究告訴我們，在職場厲行「向垃圾車說不！」有多重要。

* * *

心理學家佛瑞德里克森和洛薩達（Marcial Losada）做過一連串的研究後發現，企業團隊成員與人溝通時，如果正向及建設性的話語至少是負向和缺乏建設性話語的三倍，則可以預測他們在獲利能力、顧客滿意度、上級、同事和部屬對他們的評估等各方面會更加成功。這並不是說，兩位學者研究的成功團隊總是避開對峙和辯論，而是他們重視「充分溝通」（設法了解彼此的想法和立場）甚於「堅持主張」（試著說服每個人相信他們自己才是對的）。成功的工作團隊也比較有可能「支持、鼓勵或讚賞」它們的成員，而不是「非難、挖苦或冷嘲熱諷」。

把貴組織打造成「向垃圾車說不！」的工作環境，是使整個團隊提高正向性、壓低負向性的重要策略，也是幫助組織持續專注於重要目標的關鍵要素。

在組織推動「向垃圾車說不！」實例

這麼多年來，我有幸和許多傑出公司與組織分享垃圾車法則的哲學。這些組織的領導人各自用不同的方法，執行垃圾車法則，每個人的努力都教人刮目相看。他們的成就，令我與有榮焉。爲了讓你知道把貴組織打造成「向垃圾車說不！」的工作環境有何好處，且讓我來談談他們的故事。

美國退伍軍人健康管理局

美國退伍軍人健康管理局（Veterans Health Administration; VHA）負責執行美國退伍軍人事務部的健康照護任務，並經營退伍軍人事務部的門診診所、醫院、醫療中心和長期健康照護設施。

VHA的觸角十分寬廣，從下面這些統計數字就可知道：單單在二〇〇八年，就有五百五十萬人接受過退伍軍人事務部健康照護體系的照護。在美國執業的醫生，超過五十%曾在退伍軍人事務部健康照護體系接受一部分的專業教育。而VHA的員工高達二十五萬人。

回想一下第三十章提到的三度影響力法則，想想一個人影響另一個人的漣漪效應，便可以想像ＶＨＡ伸向世界的觸角，遠高於這些數字所顯示的。當ＶＨＡ員工盡其所能展現正向性，自然會影響他們所服務的病患、病患家屬、朋友，以及來看病、關懷、照顧他們的同事。這是二〇〇四年ＶＨＡ推動「工作場所守禮、尊重與投契」（Civility, Respect, and Engagement in the Workplace; CREW）計畫的原因。

推動ＣＲＥＷ計畫，是爲了提高組織中員工之間的溝通、信任團隊協力，並增進彼此的尊重。計畫的目的則是爲了改善病人的滿意度、讓員工更樂於投入、減少病假和員工投訴組織違反平等就業機會。「守禮、尊重與投契是我們在退伍軍人健康管理局背負使命的根本，這可不是浮誇的言詞，」ＶＨＡ的組織健康部門主任、ＣＲＥＷ的共同推動人之一貝爾頓（Linda Belton）說。「我們所做的每一件事，都和其他每件事、每個人連成一氣。我們每天所做的事情都很重要。」

ＶＨＡ的幕僚人員負責領導ＣＲＥＷ計畫。他們接受訓練，以協助和引導醫生、護理人員、行政管理人員、飲食服務人員、維護部門員工等工作夥伴所形成的工作群。助導人員引領各個工作群，以便達成ＣＲＥＷ爲每個人營造更佳工作場所的使命。

二〇〇八年，在CREW助導人員的請求下，VHA決定將垃圾車法則推廣到全國各地的CREW參與者。助導人員認爲垃圾車法則是改善員工滿意度、生產力和提升病患服務的重要工具。

倫茨（JoAnne Renz）是賓州科茨維爾退伍軍人事務部醫療中心的CREW協調員。二〇〇七年，由於她的建議，全國CREW計畫注意到垃圾車法則。

我還記得和某個CREW群體第一次實踐垃圾車法則的情形。也許和大部分的工作群一樣，有些幕僚人員可以稱之爲「刻意疏離」。這些幕僚人員覺得他們或者某位同事過去曾經遭到「不當對待」。這些心懷不滿的幕僚人員，並沒有試著貢獻一己之力，營造理想的工作環境，而是不斷將個人的不愉快經驗講給別人聽，對負向遭遇一概而論。於是我運用助導員的特權，站到他們面前，帶著感性口吻向他們宣讀「垃圾車法則」。結果十分美妙。這個群體承認，雖然總有垃圾產生，但他們沒有必要因爲其他人的垃圾而忽略更重要的事情。

CREW計畫的實施成果十分顯著。員工在工作上投入更多的情感，顧客服務水準提升，有關組織違反平等就業機會的投訴下降，病假數減少，員工留用人數增加。工作場所的禮貌獲得改善，進而顯著提升業務成果。「CREW不只是訓練計畫而已；它是經營業務的一種方式，」貝爾頓說。

雖然CREW計畫在引進垃圾車法則之前就已經執行得十分成功了，但很顯然的，因爲VHA將垃圾車法則提供給所有的助導人員與他們的CREW群體使用，顯然提高了整個組織在工作場所守禮、尊敬與投契的氛圍。

華納兄弟娛樂公司

華納兄弟娛樂公司是世界上經營最成功、最著名的娛樂公司之一。單單《蝙蝠俠》和《哈利波特》系列電影，就創造數十億美元的票房收入。

每一年，華納兄弟從龐大的電影和電視庫所有智慧財產的名稱、肖像和標誌賺得的授權收入，高達數千萬美元。由於全球各地有超過三千七百個積極活躍的獲授權人，華納兄弟消費性產品因此找來李維士（Preston Kerin Lewis）等領導人主掌授權業務。李維士曾在迪士尼、ＭＴＶ和ＨＢＯ等公司服務，資歷很深。他現在是華納兄弟消費性產品的澳洲與紐西蘭地區總經理，二〇〇七年上任，負責該地區的日常營運、銷售、行銷、零售、促銷與授權業務。

雖然華納兄弟這個地區的業務經營得很成功，但李維士接掌的時候，仍有很大的成長空間。他知道有必要實施新的業務策略，而新的顧客計畫則攸關策略實施的成敗。他也相信，業務上的任何改善，都需要組織文化的支撐，否則難以長久維繫。因此李維士要他的部屬研讀「垃圾車法則」。他希望每個人都用相同的語言，並實踐「向垃圾車說不！」的哲學。李維士說：「我發現垃圾車法則最棒的地方，是讓人們不致因爲負向的想法、爭論和行爲而分心，而只專注於推動業務成長。」

李維士做了一個決定，允許部屬討論和辯論與業務有關的每一件事，但不容許垃圾車行爲。他知道，壞心情、壞態度和壞行爲，會使他們無法獲得重要的業務成果。他也知道，如果每個人都被垃圾車搞得垂頭喪氣，工作便不會愉快。

李維士說：「如果有人堅持垃圾車行爲，那只好另謀高就。我們組織中的人員必須樂於工作，而且盡他們最大的能力幫助別人。衆志成城，我們需要匯集每一個人的力量，以獲得所要的成果。」

新時代運輸

一九八九年，賈珀（Carolyn Gable）賣掉連棟住宅，在伊利諾州的蘇黎世湖創辦新時代運輸配銷與倉儲公司，目前一年營業額達三千萬美元，由她擔任執行長。賈珀是單親媽媽，育有九歲到三十四歲不等的七個子女，白手起家的故事，經常吸引新聞媒體的注意。她曾獲安永年度創業家獎，著有《從女服務生到執行長》一書。二〇〇八年，賈珀將垃圾車法則和「向垃圾車說不！」的宣言納入家庭和企業。

這一切起源於賈珀的媳婦在家庭聚餐上，提到她剛讀到的東西：「垃圾車法則」。那頓晚餐過後幾個月，賈珀參加我主持的以「垃圾車法則的力量」爲題的一場研討會。她在我的研討會上擔任見證者，分享垃圾車法則在她家裡產生的正向影響。她表示自己準備將「垃圾車法則」帶給另一群家人，也就是新時代運輸的員工。

在新時代運輸一年一度的開工會議上，所有員工一起觀賞垃圾車法則和「向垃圾車說不！」的DVD。賈珀接著請所有的員工做許多其他公司做過的事。她要他們站在一起，宣讀「向垃圾車說不！」宣言。他們融入其中，以有趣的方式，承諾未來在服務顧客和彼此幫忙、經營業務的時候，行爲不能像垃圾車。賈珀這麼說：

我的家人和員工第一次接觸「向垃圾車說不！」宣言，並且決心身體厲行之後好幾個月，還是繼續掛在嘴邊。

我們享受共處的時光，不讓其他人把情緒垃圾往我們身上倒。我們也必須承諾不倒垃圾給別人。這是我們所做的選擇。不論是日常生活或工作，我們都能厲行「向垃圾車說不！」。

鋼木蘭乳癌支持團體

嬌森（Lenora Johnson）是設在阿拉巴馬州的鋼木蘭乳癌支持團體的創辦人兼執行總監。她自己也得過乳癌。

嬌森有個朋友，是一家專門處理酗酒和毒癮患者的居住處遇中心的主管，向嬌森推薦「垃圾車法則」。嬌森寫信和我分享她的讀後感。

自從拜讀「垃圾車法則」之後，便時時縈繞心中。我決定和鋼木蘭的每個人分享。它提醒我：如果我們讓負向事物擋住自己的路，那就很難做出成績。如果我們不專心致志，就會被很多人誘離正確方向。

嬌森懂得其中的道理。她和阿拉巴馬州議會合力證明了事在人爲。原來，嬌森和鋼木蘭的團隊發動一項草根運動，堵住阿拉巴馬州法的一個漏洞。鋼木蘭發現，如果婦女由自己的醫生診斷罹患乳癌，就失去到別州接受治療的資格。法律規定婦女必須先到阿拉巴馬健康局接受診斷，但這件事不見得總是可行。鋼木蘭認爲，礙於法律，婦女得不到所需的治療，所以這條法律必須修改。由於他們堅持不懈，以及一些重要議員的支持，終於修改了州法。二〇〇九年四月，阿拉巴馬衆議會和參議會一致通過之後，阿拉巴馬州州長萊利（Bob Riley）簽署了HB147號法案。

「如果我們讓垃圾車擋路，就永遠無法推動法案。我們在窒礙難行的時候，依然滿懷信心。即使只有一線生機，我們也努力追求目標。」

嬌森依然背負著使命往前走。她已經見到一心一意朝目標前進的力量。「我還想做很多事。我們可以讓許多婦女的人生有更大的轉機。我們經不起讓垃圾車輾過，當然自己也不能是垃圾車。我們的使命太重要了，不容失敗。」

向垃圾車說不

你可以做哪些事情，在組織推動「向垃圾車說不！」？你需要誰的協助？需要什麼資源？必須克服哪些阻礙？

寫下這個星期你可以做的兩件事，幫助你開始在貴組織推動「向垃圾車說不！」。

33 堅持不輟的勇氣

我們之後和之前的事情，與介於兩者之間的事情比起來，都屬枝微末節。

——美國詩人及哲學家愛默生（Ralph Waldo Emerson, 1803–82）

我知道有許多企業組織決心推動「向垃圾車說不！」，而且成果相當豐碩。而今輪到你了。

現在正是讓你的每個生活領域——家庭、學校、職場和社區——都成為「向垃圾車說不！」空間的適當時刻。如此一來，你將擁有力量、動機和決心，專注於你真正關心的事物。

宣告你將厲行「向垃圾車說不！」，確實需要勇氣。別人不見得會跟你往同一個方向走；有些人仍然只注意他們的挫敗、怒氣和失望；還有些人則寧可閒聊八卦、批評和抱怨。這是你必須帶頭領導，以身作則的原因。你必須堅定決心，繼續過著不受垃圾車影響的生活。

向垃圾車說不

你和你的同事理該在「向垃圾車說不！」空間工作。但你自己必須先立下宣言、下定決心，才能打造這樣的空間。

什麼事情會給你勇氣，讓你堅持不輟地打造「向垃圾車說不！」空間？想想看並寫下來。

34 讓自己徹底改變

我在這裡、請差遣我。
——《以賽亞書》第六章第八節

一九七一年，史丹福大學榮譽教授金巴多（Philip Zimbardo）曾在該校展開著名的古典心理學研究，稱作史丹福監獄實驗，且結集出版《路西法效應：好人是如何變成惡魔的》。金巴多提醒我們注意惡行的漸進影響：

務必遏阻一些小罪和小錯，例如欺騙、說謊、說長道短、散播謠言、愛說帶種族或者性別歧視的笑話、揶揄和霸凌。它們可能成為嚴重惡行的星星之火。

金巴多的警語，和在生活中厲行「向垃圾車說不！」的旨意相互呼應。「向垃圾車說不！」是期望你不要屈服於身邊的負向力量之下，或者被某些人牽著鼻子走，而他們正打算引誘你表現出漠不關心、不體貼、傷害他人的行爲。你或者其他任何人需要相當強大的力量，才不會向惡意製造他人身心痛苦的人妥協，而且需要勇氣，才能向暴君和惡霸說不。

在此同時，你的「向垃圾車說不！」宣言要求你要寬宏大量，原諒別人犯下的小錯——你也會希望別人原諒你的相同錯誤。你可以選擇不去注意，讓情勢不致惡化，轉而將心思集中在眞正重要的事情上。你不必接收垃圾。

你的宣言也要求你不要往別人身上倒垃圾。每個人都有權自由自在地過著美好生活。但你的自由不包括當暴君或者惡霸，甚且要以道德意識的力量，爭取別人站到你這一邊。務必明白表示你重視什麼，而且準備以必要的言行，支持你尊崇的價值。

卓然不群

傑出的領導人曉得他們不能任由別人左右他們的心情和行為。他們為自己的感覺和所做的事負責。少了這個承諾，他們將無法完成使命，營造更為公義、自由、悲憫的世界。

曼德拉坐牢二十七年，堅忍卓絕地熬了過來，部分原因在於他不讓上自南非的政治領導人，下至監獄的獄卒——這些囚禁他的人——倒垃圾到他身上，蹂躪他的精神。曼德拉無法控制壓迫他的人表現出來的行為，卻可以決定他們的不公不義和無情對待如何影響他。

曼德拉大可義憤填膺，痛恨剝奪他自由的那些人。但他滿懷信心，相信終有一天能夠盡一己之力，把自由和平等帶給所有的南非人。從監獄釋放出來時，他並沒有避開衝突，卻成功地走過來了。曼德拉提醒我們，我們不能屈服在憎恨之下。他在自傳中說：

我始終認爲，每個人的內心深處都有悲憫和寬容。沒有人一生下生來就因爲膚色、背景或者宗教而痛恨另一個人。人會恨，一定是學來的，而如果可以學會恨，便也能教他們怎麼愛，因爲對人心來說，愛比恨更爲自然。即令在獄中最黯淡的時光，當獄友和我忍耐到極限，我總會瞥見某個守衛綻放出人性的微光，也許只是一秒，卻足以撫慰我，支持我繼續走下去。人的善良，有如火的光輝，可以隱藏，卻永不熄滅。

曼德拉恪守聖經的戒律：「要愛你的敵人，對恨你的人行善，爲那些咒詛你的人祝福，爲那些惡意對待你、迫害你的人禱告。」做正確事情的信念，引導著他的行爲。曼德拉體現了「向垃圾車說不！」宣言，也決心活在「向垃圾車說不！」空間。

你的人生也有使命，而且只有一輩子去達成。

沒有時間可以浪費了。

向垃圾車說不

有些垃圾車聲稱「改變很難」，如果乾脆讓它們開走，會有什麼效果？

如果你不再屈服於「不好的回憶」和「自我懷疑」的力量，會有什麼好處？

如果對於未來，你不再杞人憂天，會有什麼不同？

如果你仿效曼德拉，將心思放在達成重要的目標，以及你知道是正確的事，又會如何？

如果你將注意力從垃圾車移轉到真正有可能實現的事情，你可以在生活中實現什麼？

35 你的力量，我們的共同期許

千萬不要懷疑，一小群深思熟慮且決心堅強的人能夠改變世界。事實上，向來如此。
——美國人類學家米德（Margaret Mead, 1901–78）

我曾在超過三十五個國家遊歷、研習與工作，曾經主持研討會，以及在來自一百餘國的代表與會的國際會議上發表演說。妻子冬和我曾帶兩個女兒旅遊十個國家。我親眼看過所有國家和各種信仰的人讓垃圾車開走能產生多大的力量。當一個人厲行「向垃圾車說不！」後，會更爲仁慈、更懂得體諒與寬容。

宣告你將厲行「向垃圾車說不！」，等於你決心以禮待人、不怨恨嫉妒、發揮同理心、耐心傾聽，讓自己說出口的話更具有建設性。

更爲美麗的世界

當你置身在「向垃圾車說不！」空間，每天都會身受其益。以前經常困擾你的事情不再產生負面影響。你不能控制的負向事情，不再像以前那樣對你形成重擔。你感到無拘無束，可以把心思集中在眞正重要的事情上。

每一次你讓垃圾車開走，就更能掌控自己的生活；每一次你停止往別人身上倒垃圾，就能一點一滴改變世界。

幾乎每一天都有人告訴我，他們因爲遵循垃圾車法則而重新掌控自己的生活。許多企業組織寫信給我，說它們推動「向垃圾車說不！」後，有助於業務蒸蒸日上。每一次讀到這些故事，總是讓我深受鼓舞。

相信你也能辦到

你有力量改變自己的生活。你有力量改善職場文化。

快樂並非遙不可及。相互尊重的價值還沒消失。垃圾車法則能使快樂和有禮的世界重現。兩者相互強化，形成良性循環。更互相尊重，則更加快樂；更加快樂，則更互相尊重。

你能辦到，因爲你擁有力量。這事並不複雜，也沒有什麼神祕之處。垃圾車法則能使我們的生活更加美好，世界更加美麗。

你知道自己需要做些什麼。你明白自己「向垃圾車說不！」的使命。現在你必須身體厲行，並且把「垃圾車法則」告訴所有你關心的人。

謝謝你和我一起來到這裡。

向垃圾車說不

你想和哪些人分享這個關於成功快樂的祕密？

附錄

附錄一

以垃圾車法則遏止校園霸凌

有人曾經問我：「聖經最重要的戒律是什麼？」我的回答是：「不可袖手旁觀。」
——諾貝爾和平獎得主威塞爾（Elie Wiesel, 1928–）

我很希望能夠立即在中小學推動「向垃圾車說不！」。學校的使命，在於教育學生、協助他們培養良好的品德。當我們的子女分心而疏於學習，且任意傷害別人時，表示學校沒有達成使命。在美國，每天有五千八百萬中小學生上學，世界各地更有十億多人。他們是我們的家人，住在我們的社區，我們會在街上和他們擦肩而過。我們和他們相處的經驗，會影響每一個人。

如果孩子們在學校的經驗良好，家人、朋友和社區將同蒙其利。經驗不好，則每個人同受其害。

校園霸凌現象不容忽視

年輕的教育工作者菲利普斯（Rick Phillips）、李尼（John Linney）和派克（Chris Pack）在合著的《安全學校大使》一書中，列舉了一些驚人的統計數字，讓我們警覺到學校中霸凌行爲的普遍性和嚴重性。

・史丹福大學和路西爾派卡德兒童醫院於二〇〇七年所做的一項研究發現，二〇〇六年，全美國有九十％的小學生曾經遭到同學霸凌，約六十％曾經參與某種霸凌行爲。

・二〇〇四年發表的一份針對八到十二年級隨機取樣的約一千九百名學生做的五年期研究報告，讓我們得知這些現象：

＊團體活動時遭到排擠：六十七％（「有時」時佔四十三％，「經常」佔二十四％）

＊遭到謾罵：七十四％（「有時」佔四十七％，「經常」佔二十七％）

＊遭到取笑：六十二％（「有時」佔四十五％，「經常」佔十七％）

＊遭到拳打腳踢：四十六％（「有時」佔三十五％，「經常」佔十一％）

＊遭到脅迫：四十二％（「有時」佔三十三％，「經常」佔九％）

所有這些霸凌行爲，對受到影響的孩子造成嚴重的傷害。菲利普斯、李尼和派克指出，研究報告證實了孩子身心受創的程度。「《英國醫學期刊》發表的兩篇研究報告指出，成爲目標的孩子和攻擊者，遠比其他人更容易發生胃痛、頭痛、尿床、睡眠問題、焦慮、不安全感和憂鬱。值得注意的是，發生這些症狀的比率以遭霸凌者爲最高，其次便是霸凌他人者。加州大學洛杉磯分校最近針對兩千名六年級學生和他們的老師，進行一項研究。這項研究強化了先前的發現，也就是遭到不當對待的受害者，出現廣泛的健康問題，包括頭痛、肚子痛和失眠。」

霸凌不限於學校和遊戲場所。它正以越來越快的速度，傳染到我們的社交媒體，而且一天二十四小時都在發生。網際網路尤其適合霸凌，因為它給霸凌增添各種方法，張貼傷害別人的照片、影片和評論，而霸凌者的身分卻能加以隱藏或偽裝。以前的霸凌是打你的肚子，新的霸凌則是從背後偷襲。

教導垃圾車法則

佛羅里達州棕櫚灘的中學老師威爾柏（Ron Wilber）知道霸凌是怎麼一回事。他曉得霸凌對孩子造成的破壞性影響，也因此採取行動，教導學生了解垃圾車法則。

過去兩年，威爾柏在他任教的六年級、七年級和八年級每學期的西班牙文課程一開始，就在課堂上宣讀垃圾車法則。他讓學生知道，他的課堂上不允許垃圾車。學生絕對不可以嘲弄他人、散播謠言，或者背後說人壞話。威爾柏不許這些事情發生。若是有人行為硬要像垃圾車，他絕對會加以處置。

威爾柏曉得他負有責任，所以必須事先訂出規則。他要孩子們把全部心思放在學習上，不要有傷害別人的念頭。這是整個計畫的第一部分。

第二部分是，威爾柏期望他的學生能夠挺身護衛別人。他期望孩子們看到有人開始揶揄或者霸凌別人時，能夠馬上大喊：「垃圾車！」彼此嬉鬧固然無傷大雅，但是傷害別人就太過分了。一旦玩鬧變成惡意傷害，就必須有人大喊：「垃圾車！」

威爾柏說明他和學生第一次分享垃圾車法則的情形：

我和他們談霸凌，告訴他們霸凌者就是往別人身上倒垃圾的人。霸凌者是垃圾車。然後我問：「是不是有人曾經當眾遭到捉弄？」果然有許多隻手舉了起來。然後我又問：「當你們被捉弄或者嘲笑時，有沒有人出來幫你們？」他們紛紛提到遭到霸凌時孤單無援的情形。「感覺如何？」我問。答案都一樣：「好可怕。」這時我說：「從現在開始，如果有任何人遭到霸凌，你們要幫助那個被捉弄的人。你們要大喊：『垃圾車！』當你們這麼做時，我會立刻停止講課，直到處理好這件事爲止。」

實踐垃圾車法則

威爾柏在課堂上利用角色扮演，讓垃圾車法則生動靈活地呈現出來。他請某個學生假裝嘲弄另一個學生，然後全班大喊：「垃圾車！」接著威爾柏問被嘲弄的學生：「有人出來挺你，感覺怎麼樣？」孩子們一致認同：「棒極了。」

威爾柏的學生明白了其中的道理。學生們會在講出傷人的話之前相互制止。「只要有一個人大叫『垃圾車！』，霸凌者就會縮手，」威爾柏說。「他們曉得受欺負者並不孤單。有人支持這些無辜者。只要這麼做就夠了。」

威爾柏在課堂上的經驗，得到心理學家裴柏勒（Debra Pepler）和克瑞格（Wendy Craig）在其論文〈改變霸凌〉中的進一步證實：同儕干預後，成功制止霸凌行爲的機率將近五成。

裴柏勒和克瑞格在其論文〈校園霸凌與受害觀察〉中指出：「在八十五%的霸凌事件中，同儕在某種程度內都有涉入……三十%的事件中，同儕是以侵犯者的角色，積極參與霸凌行爲，二十三%的事件中，同儕則只是旁觀霸凌行爲。」這份研究最叫人不安的統計數字，是同儕只在十三%的事件中插手聲援。若孩子們學習垃圾車法則，他們會更願意見義勇為。

威爾柏指出，大叫「垃圾車！」之所以有用，是因為可以有效制止霸凌繼續進行。因為這表示有人目擊霸凌行為，而且高聲為他講話，使霸凌者知難而退。威爾柏說：「有越多目擊者眾目睽睽，霸凌者越難得逞。」

政策不再流於形式

反霸凌政策是校方維護學生身心安全極重要的一部分。每個人——不只是學生和老師，也包括行政管理人員與父母——必須明確了解什麼行為是可以接受的，什麼行為是不能接受的。

問題是，少有學生能熟記政策內容。這正是垃圾車法則可以派上用場的地方；它以易於理解和付諸行動的方式，讓政策富有生命力。一旦學生學會了垃圾車法則，他們就會帶著它到每個地方——穿過學校走廊和教室，進入社區與家庭。

學生的成長故事

威爾柏最近要學生寫下垃圾車法則如何使他們的生活發生變化。他要他們跟我談談自己的親身經驗。每個人的故事都發人深省，我收錄其中三則如下：

過去我一直以爲自己是個好孩子。我上教堂，努力當個好學生。但最近我卻讓自己墮落了。我一直注意到自己內心好像失落了什麼東西。隨著日積月累的壓力（就像拼圖片拼起來不是很合那樣），我開始攻擊朋友、家人和遇到的任何一個人。只要一點小事，就會讓我心煩。在我接觸垃圾車法則之前，我幾乎疏遠了所有的朋友，對人講話很不客氣。後來，威爾柏先生在課堂上介紹「垃圾車法則」，喀嚓一聲進了我心裡。原來我是垃圾車。我把我看到的所有負面東西都收集起來，然後往不相干的人身上扔。你的訊息改變了我。謝謝你讓一輛垃圾車停了下來。

——賈桂琳，十三歲

有一天放學回家，我發現父母正在吵架。父親指責母親，說她整天在家，不像他得在外頭奔波。其實，他並不了解家務事有多麼繁雜。母親其實也會到父親的公司打雜、幫忙繳帳單、將文件歸檔等等。父親卻說，這和他所做的事情比起來，根本不算什麼。眼看著他們正吵得不可開交，我突然大喊：「垃圾車！」他們全愣住了，看著我問：「你說什麼？」我解釋給他們聽。話還沒說完，他們就停止吵架了。垃圾車法則幫助我讓父母停止爭吵，也幫助他們了解他們吵的是相當愚蠢且無意義的事情。

——亞立克，十三歲

有一天，上世界文化課的時候，好幾個同學對著一個同學揶揄辱罵。老師試圖制止，但情況更糟。我決定站出來替被欺負的人講話。我走到全班同學面前嚴肅地說道：「只有垃圾車才會把垃圾往別人身上倒。」同學們這才安靜下來。

——史蒂芬妮，十一歲

問對問題

不論是學生、老師、行政人員或家長若能學習垃圾車法則，便能在看到垃圾車的時候幫助它們。他們可以問霸凌者：「你今天爲什麼會成爲垃圾車？什麼原因讓你往別人身上倒垃圾？」藉由這種方式，很容易切入困難的談話。光是責罰不是辦法；我們必須幫助孩子選擇另一種生活方式。

當我們看到孩子任由垃圾車欺凌，我們有機會幫助他們。我們曉得，予取予求，只會增長霸凌者的氣焰，讓自己遭到更強烈的霸凌。我們可以問被霸凌者：「你不是垃圾車，爲什麼要收那麼多垃圾？是什麼事使你變得那麼脆弱？」問這些問題，可以開啓一道機會之窗，看看我們能做什麼事，幫助孩子增強信心、穩定舉止，以及不再那麼脆弱，任憑霸凌者傷害。

垃圾車法則很「酷」

孩子們總是傾聽容易理解的資訊，並把它們牢記在心，而對無法理解的訊息則當作耳邊風。垃圾車法則幫助學生以容易理解的比喻和故事，記住和傳達寓意深遠的訊息。他們的同學、夥伴、朋友、鄰居、家人都懂得這個訊息。垃圾車法則幫助孩子了解，聲援別人不只是做對的事，也是很酷的行爲。

老師平常要處理的事情已經夠多了，當然不想沒事找事，執行複雜的方案。他們迫切需要在課堂上容易執行、而且效果立現的訊息。垃圾車法則正合所需。

垃圾車法則也可以和許多學校十分重視的人格養成計畫相輔相成。舉例來說，在美國三千所學校中，威爾柏和其他老師使用一套叫做「捕捉孩子的心」（Capturing Kids Hearts™）的計畫。這套計畫有助於「在老師和老師之間，以及老師與學生之間，建立正向、具有建設性、相互信任的關係」。「安全學校大使計畫」（The Safe School Ambassadors Program®）則有超過五百五十所學校參加。

消除霸凌者的力量

學生們學會垃圾車法則後，萬一他們不幸成爲霸凌的目標，只要「微笑、揮手和祝福霸凌者」，而不收下垃圾，便能很快化解狀況。

心理學家皮克哈特（Carl Pickhardt）在他寫的《爲什麼好孩子行爲殘忍》一書中，

談到不要把別人的取笑當真：「如果受害人不把那些負面的言詞放在心上，那它們就不可能傷到人……事實上，取笑他人的行爲，透露了嘲弄者的內心世界；他們攻擊的目標，往往讓他們感受到威脅和不安。」

當我們讓霸凌者知道，他們沒有能力傷害我們，就能消除他們的力量。

在校園宣告「向垃圾車說不！」

要強化垃圾車法則的訊息，最簡單快速的一種方式，是在校園張貼「向垃圾車說不！」海報。海報傳達的訊息一清二楚：「我們不接受垃圾。我們不散播垃圾。我們不是垃圾車！」

向垃圾車說不

我們都以某種方式和孩子們產生聯結。我們扮演的角色可能是父母、兄弟姐妹、親人、朋友、鄰居、師長、校方或關心孩子的社會人士。你可以為孩子做些什麼，使學校對孩子的幫助更多？你可以如何讓學校成為「向垃圾車說不！」空間？

寫下你能幫助孩子的兩種方式。

附錄二

世界性的宣言——四十八種語言，一百個國家的串聯

我們真正的國籍是「人類」。

——英國小說家威爾斯（H.G. Wells, 1866–1946）

在我有幸分享「向垃圾車說不！」宣言的每一個國家，產生的影響都一樣：人們的生活為之改觀。

由於我衷心希望世界各地的人都能體驗「向垃圾車說不！」宣言的力量，所以將它翻譯成將近五十種語言。

阿拉伯語
波斯語（Farsi）
日語
塞爾維亞語
英語
菲律賓語
Kimeru
修納語
亞塞拜然語
法語
拉脫維亞語
斯洛伐克語
孟加拉語
喬治亞語
馬其頓語
西班牙語

巴伐利亞語
德語
馬來語
斯瓦希里語
波士尼亞語
希臘語
馬爾地語
瑞典語
保加利亞語
希伯來語
挪威語
他加祿語（Tagalog）
華語
印度語
波斯語（Persian）
土耳其語

捷克語
匈牙利語
波蘭語
契維語（Twi）
丹麥語
冰島語
葡萄牙語
烏克蘭語
荷蘭語
印尼語
羅馬尼亞語
烏爾都語
愛沙尼亞語
義大利語
俄語
越南語

我的目標是將「向垃圾車說不！」宣言翻譯成盡可能多的語言。目前所有的翻譯版本可以在 www.thelawofthegarbagetruck.com 這個網頁查得。如果你願意幫助我把「向垃圾車說不！」宣言翻譯成貴地的語言，請寫電子郵件到 david@thelawofthegarbagetruck.com 告訴我。

附錄三

感謝計程車司機

感恩那些使我們快樂的人；他們就像擁有魔力的園丁，讓我們心花朵朵開。

——小說家普魯斯特（Marcel Proust, 1871–1922）

在我成長的過程中，父親教我要感謝和尊重計程車司機。他說，他們是很棒的駕駛，腦袋裡好像裝了GPS：知道每一個目的地在哪裡，以及到那裡最好走的路。

父親也告訴我，計程車司機有識人之明，因爲他們看盡人生百態。計程車司機看到人們好的部分和不好的部分。他們很有意思，我們可以從他們那裡學到很多。

我每次坐上計程車，就會打開話匣子和司機聊天。當我和幾個人一起搭車，如果有人必須坐前座，我一定自告奮勇。和計程車司機交談，每次都能學到一些新東西。

所以我要感謝駕駛計程車的每一個人。謝謝你們載我去每個我得去的地方。謝謝你們不管白天晚上、天氣如何，一直在那邊等候。謝謝你們這些年來與我分享的智慧。

特別要感謝一位計程車司機，他曾經對一輛垃圾車微笑和揮手，帶給我豐富的啟示。

附錄四

感謝眞正的清潔員

健康是第一筆財富。

——美國散文家愛默生（Ralph Waldo Emerson, 1803–82）

如果不感謝開著眞正的垃圾車，穿梭在大街小巷的男士和女士，這本書就不算完整。清潔員收集和處理我們的廢棄物，好讓我們能夠生活在健康乾淨的環境中。

清潔員的工作做起來並不容易。我們丟掉的垃圾很重、很難處理，而且不容易輸送，但卻希望他們把垃圾丟得越遠越好。在他們執行每天的例行工作時，我們在他們身邊走來走去或者開車經過，使他們工作起來更麻煩。

由於他們的工作深具挑戰性，清潔員都知道遵循垃圾車法則的重要性。

我要感謝這些協助維持世界美麗的人。

謝辭

很久以前我就學到，我們生命中每一件美好的事物，都是因為家人、朋友、夥伴、同事和陌生人的幫助，才能有那樣的結果。某個地方的某個人幫助我們做某件事。我的工作永遠無法單獨完成。這本書是我這一生多麼有福的最好證明。要感謝的人有許多，包括你。

永遠感謝父母，他們給我許多。

母親在我寫作的過程中，扮演著特別重要的角色。我開始寫報紙專欄時，請母親幫我校對文章。千言萬語之後，母親幫我編輯我發表過的每一篇專欄文章。她也是這本書的初步編輯。母親是個叫人讚嘆不已的女性，有她在的地方就有歡樂，她提出的建議是那麼睿智，而且滿溢著愛。

這一輩子，我一直仰賴父親的力量、支持和幽默。父親盡他所能，幫助我的事業，而且和母親一樣，爲家裡盡心盡力。他也是垃圾車法則的人形廣告看板，每次出門，一定穿戴著「The Law of the Garbage Truck™」的上衣或帽子。

我生命中最美好的一天，從遇見內人 Dawn 開始。她的愛支持著我繼續走下去。沒人能像她那樣讓我發笑。Dawn 相信我做的每一件事情，而且對我欣賞有加。寫這本書的時候，她用各種方式支持我，包括檢查無數的草稿。

二〇〇二年，Eliana 出生，二〇〇三年，Ariela 也呱呱墮地之後，和 Dawn 在一起的生活更爲美妙。Eliana 和 Ariela 爲我們的生活增添無數的歡樂。兩個女兒是這本書的小小啦啦隊員，而且把「向垃圾車說不！」宣言謹記在心。

我要感謝兄弟 Mike 的愛和對我的信任，也要感謝 Mike 的妻子 Halle；Dawn 的父母 Terry 和 Marcia Gano；以及 Dawn 的兄弟 Nate。我要謝謝所有的朋友、客戶和同事的支持，特別是 Robert 和 Susan Aliota、Alberto 和 Laura Casellas、Preston 和 Cari Lewis。

謝謝看過本書和對本書所有部分提供重要見解的每一個人，也謝謝提供個人經歷，與我分享的每一個人。

謝謝宣告他們的組織是「向垃圾車說不！」空間的所有領導人。

謝謝曾經協助將垃圾車法則搬上電視的每一個人。

謝謝曾在我的正向心理學研究扮演重要角色的每一個人。

謝謝世界最大、由學生主持運作的領導發展計畫 AIESEC。AIESEC 各階層的領導人都立下「向垃圾車說不！」宣言，並將垃圾車法則的訊息散播到各國。

也要謝謝世界各地的所有 AIESEC 領導人，協助將「向垃圾車說不！」宣言翻譯成約五十種語言。

最後，再次謝謝你。

當我們擁抱生命中的特別力量，我們知道自己並不孤單，而且永遠有人支持。

你是我人生中的特別力量之一。

謝謝你讀這本書。

謝謝你讓這個世界更美好。

LOCUS

LOCUS

LOCUS